解锁恋爱密码

大学生完美恋爱攻略

韩晔◎著

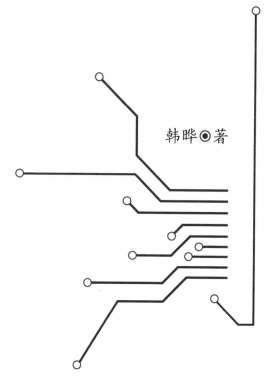

北方文艺出版社

哈尔滨

图书在版编目（CIP）数据

解锁恋爱密码：大学生完美恋爱攻略/韩晔著.

哈尔滨：北方文艺出版社，2024.6

　ISBN 978-7-5317-6264-5

Ⅰ.①解… Ⅱ.①韩… Ⅲ.①大学生－恋爱心理学－指南 Ⅳ.① C913.1

中国国家版本馆 CIP 数据核字第 2024C82K20 号

解锁恋爱密码：大学生完美恋爱攻略

JIESUO LIANAI MIMA : DAXUESHENG WANMEI LIANAI GONGLUE

作　　者/韩晔

责任编辑/富翔强　　　　　　　　　版式设计/璐璐视觉

出版发行/北方文艺出版社　　　　　邮　编/150008

发行电话/（0451）86825533　　　　经　销/新华书店

地　址/哈尔滨市南岗区宣庆小区1号楼　网　址/www.bfwy.com

印　刷/三河市中晟雅豪印务有限公司　开　本/880mm×1230mm　1/32

字　数/140 千　　　　　　　　　　　印　张/7.125

版　次/2024 年 6 月第 1 版　　　　　印　次/2024 年 6 月第 1 次印刷

书　号/ISBN 978-7-5317-6264-5　　　定　价/56.00 元

目录

第一章 理论篇

第二章　操作篇

第一章

理论篇

第一节 ————
何为爱情？

千百年来爱情这一话题经久不衰。《诗经》中的爱情，真诚美好，"关关雎鸠，在河之洲。窈窕淑女，君子好逑。"喜欢一个人可以如此直白而坦诚，"蒹葭苍苍，白露为霜。所谓伊人，在水一方。"每个人心中都有一个伊人，他／她若即若离，就在那心头一方。元好问在《摸鱼儿·雁丘词》中写道："问世间，情为何物，直教生死相许？"

爱情究竟是什么？这个问题人们已经问了几千年，至今无解，古希腊哲学家柏拉图问老师苏格拉底：什么是爱情？苏格拉底说：我请你穿越这片稻田，去摘一株最大最金黄的麦穗回来，但是有个规则：你不能走回头路，而且你只能摘一次。于是柏拉图去做了。许久之后，他却空着双手回来了。苏格拉底问他怎么空手回来了？柏拉图说道：当我走在田间的时候，曾看到过几株特别大特别灿烂的麦穗，可是，我总想着前面也许会有更大更好的，于是就没有摘；但是，我继续走的时候，看到的麦穗，总觉得还不如先前看到的好，所以我最后什么都没有摘到，苏格拉底意味深长地说：这，就是爱情。

几千年后经常能看到周围的学生、朋友，因为感情失败哭闹、买醉、不吃不喝，"衣带渐宽终不悔，为伊消得人憔悴，"每每看到这样的情景，也常想什么是爱，什么是感情，爱情能够令人辗转反侧，寤寐思服，令人萎靡不振。

爱情的定义不是唯一的，每个人对爱情的定义也不一样，爱情是一种复杂的感受，爱情是一见倾心的怦然心动，爱情是一拍即合的默契回应，爱情是相见时的欢喜雀跃，爱情是细水长流的一生相伴，爱情是相爱相杀的复杂常态，社会心理学家齐克·鲁宾曾这样定义"爱情"，他说："爱情是一个人对另一个人的某种特殊的想法和态度，它是亲密关系的最深层次，不仅包含审美、激情等心理因素，还包含生理唤起与共同生活愿望等复杂的因素。"中国第一位研究性的女社会学家李银河认为，爱情是一种两人情投意合、心心相印的感觉，是一种两个人合二为一的冲动。也有人说："在灵魂中，爱是一种占支配地位的激情；在精神中，它是一种互相的理解；在身体方面，它是我们对躲在重重神秘后面的，被我们所爱的一种隐秘的羡慕和优雅的占有。"

美国心理学家斯滕伯格提出爱情三角理论，认为爱情包含三个要素——激情、亲密与承诺。激情是爱情中的性欲成分，是情绪上的着迷，例如跟对方在一起时，会有兴奋感；亲密是指在爱情关系中能够引起的温暖体验；承诺指维持关系的决定期许或担保，承诺和对方长相厮守，相伴终生，结婚时的一句"我愿意"就是一种承诺，承诺可以给对方稳定感和安全感，也是爱情中最理性的成分。这三个要素互相结合，分别构成了喜欢式爱情、迷恋式爱情、空洞式爱情、浪漫式爱情、伴侣式爱情、愚蠢式爱情、完美式爱情七种类型。

喜欢式爱情，即两人之间只有亲密，缺乏激情和承诺，但是缺乏怦然心动或者性需求的激情，也不一定给对方承诺，喜欢并不等同于爱情，不像爱那样强烈，就好比朋友之间的友谊，因为志趣相投，两人在一起感觉很舒服，但也仅仅是互相喜欢，很少掺杂欲望，也不会给对方长相厮守的承诺，喜欢式的爱情是不长久的，但是友谊也有机会发展成为爱情。

迷恋式爱情，即两个人之间只有激情体验，认为彼此有强烈的吸引力，除此之外，对彼此了解不多，也没有想过将来。只有激情，没有亲密和承诺，如初恋。第一次的恋爱总是充满了激情，却少了成熟与稳重，是一种受到本能牵引和导向的青涩爱情。

空洞式爱情，即两个人之间只有承诺，缺乏亲密和激情，这种是纯粹的为了结婚的爱情，就像封建社会的"父母之命，媒妁之言"，两个人缺乏了解，更谈不上心动，结婚只是为了完成任务，或者迫于某种压力不得已地选择，这样的爱情或许能够维持下去，但是却没有恋人之间的亲密和激情，就像搭伙过日子一样，幸福指数相对较低。

浪漫式爱情，两个人之间有亲密关系和激情体验，没有承诺。这种"爱情"崇尚过程，不在乎结果。这其实是一种及时行乐的爱情观，恋人间十分重视现在的感觉，不考虑未来，只根据自己的心情和意愿行事，这种爱情不够稳定，有时候就像"龙卷风"，来得快去得也快，当亲密和激情散去，爱情也就结束。

伴侣式爱情，即两个人之间有亲密关系和承诺，缺乏激情，跟空洞式"爱情"差不多，没有激情的爱情还能叫爱情吗？这里指的是平淡如水的爱情，两人总是相敬如宾，只有权利、义务却没有激情，相处的过程也比较单调乏味，这段感情可能会遭遇七年之痒，伴侣常常会有"牵你的手，就像我的左手拉右手"，这种爱情在生活中比较常见。

愚蠢式爱情，即两个人之间只有激情和承诺，没有亲密关系。没有亲密的激情只是生理上的冲动，而没有亲密的承诺不过是空头支票。当激情控制了大脑时，人们可能会出现不经思考的冲动行为。一见钟情后闪婚就是属于这种类型。

完美式爱情，即具备激情、承诺和亲密，三者缺一不可，拥有激情会让爱情甜蜜，充满新鲜感；亲密的恋人互相了解、相互支撑，眼里全是对方；而承诺则是爱情长久的基石，给了对方安全感，也使爱情更加长久。因此完美爱情有欲罢不能、朝思暮想的激情，有心有灵犀、相互慰藉的依恋，有愿得一心人、白首不相离的不离不弃，完美爱情是需要双方共同去维护、经营的感情，同时具备以上三要素的爱情才能够长久。

爱情作为一种复杂的情感，与亲情、友情等其他感情之间，有着不一样的特征。

第一，爱情具有对等性或者平等性。爱情的平等性是以互爱为前提的，就是双方要你情我愿、互相喜欢，这主要体现在以下几个方面：首先，尊重对方自愿选择的权利，每个人都有爱和被爱的权利，也有选择他人的权利，俗话说"强扭的瓜不甜"，强制或者勉为其难、勉强凑合的感情都不是爱情，也不会长久。其次，单相思，也称单恋，这也不是爱情，"我本将心向明月，奈何明月照沟渠。落花有意随流水，流水无心恋落花"，如果单方面地爱慕对方，却没有得到对方的回应，也只会以痛苦收场，我曾经亲眼见到一个学生单相思最终酿成苦果的故事。娜娜从来没有谈过恋爱，看着身边一个个朋友陆续"脱单"，成双入对，对爱情也充满了幻想，希望能够遇到"对的人"，某一次和好朋友去酒吧，结识了老乡成成，成成样貌帅气、谈吐得体，让从没有过怦然心动的娜娜一见倾心，交谈之后，两人互加了微信好友，在之后的日子里，娜娜会主动找成成聊天，分享自己在学校各种生活趣事，出于礼貌和老乡之间的情分，成成也偶尔和娜娜浅聊几句，这让娜娜更加开心，也认为对方似乎对自己也有意思，最终娜娜鼓起勇气向成成表白，但遭到拒绝，而且成成也明确表示娜娜不是自己喜欢的类型，两人还是做普通朋友比较合适。但是娜娜却不以为然，经常给成成发视频、聊天，在多次拒绝无果之后，成成将娜娜的主动视为骚扰，删除了她的微信好友，娜娜很惶恐，不停地申请加对方好友都被拒绝，这突如其来的打击，让从来没有如此喜欢一个人的娜娜痛苦不堪，茶饭不思、哭泣忧愁，睡眠也受到了影响。几天后娜娜神情恍惚，四处打听成成的地址，到成成居住的地方等待对方，朋友、家人、老师规劝都无果，可始终没有见到成成一面，最终黯然伤神，学业、情绪受到影响，最终休学回家。最后，请尊重对方人格，双方在爱情中是平等的，没有高低贵贱之分，谁也不是谁的附属品，也没有谁依附谁、占有谁，尊重对方的不同意见，不高高在上，不颐指气使。

第二，爱情具有排他性或者专一性，爱情具有独占性，爱情是两个人之间的爱慕，是至死不渝、忠贞不贰的，爱一个人不允许其他人分享他的爱，即使他／她多看别人一眼，都会心生嫉妒和不安，爱情的排他性是一种保护机制，没有其他人的介入和干扰，会使两人的感情更加稳固，互相之间更加信任对方，也是感情走向长久的重要保障，所以在恋爱中一定要把握好和异性之间的"边界感"，生活中可以与异性有正常的交流，但不与异性搞暧昧，不要打情骂俏，避免与异性单独相处，真正的爱情无论是排他性还是边界感，都是内心自发生成的，无论是关系多么好的异性朋友都要适当地保持距离，把握好交往尺度，以免越界伤害了爱惜自己的人。

第三，爱情具有互惠性。在爱情关系中通常会有一种互相给予好处的心理需求，简单来说就像"礼尚往来"，亲密关系是具有"功利性"的，是有所图的，比如对方提供的"情绪价值"，也有可能是对方外在的"条件"等等，长久的爱情需要互惠互利而维持下去，需要互相付出、互相爱护，单方面的付出会让爱情的天平倾斜，使爱情不再平等，一个认为一切"理所应当"，一个觉得很累，没有回报。丽丽和小亮是一对人人羡慕的情侣，在学校里丽丽会早早地到图书馆帮亮亮占座，陪着亮亮熬夜看足球赛，考试前认真准备考试笔记帮亮亮复习，亮亮也给了丽丽安全感，在例假来时亮亮会贴心地为丽丽准备好红糖水，陪着丽丽逛街看电影，每次两人有争吵之后，不管对错都是亮亮先认错，哄丽丽开心，情人节、纪念日、过生日……亮亮总是第一时间送上礼物和祝福，逐渐地丽丽在这种"宠爱"中变得有恃无恐，有一点不开心都要亮亮"哄"很久，这种"猫捉老鼠"的爱情游戏，让亮亮觉得自己越付出越卑微，出于对丽丽的爱才一次次地"忍让"，想方设法地让对方开心，整天围着丽丽团团转，而对方却并不明白，也没有给自己应有的反馈，也开始怀疑两人是否还能继续走下去。是啊，好的爱情不仅仅是两情相悦的心动，更多的是对彼此付出的真心与珍惜，懂得对方的好，给予对方回应，方能长久。

第四，爱情具有长久性或持久性。爱情的培养不是一朝一夕的事，爱情不是一时的心血来潮，而是一生的课题，两情若是久长时，又岂在朝朝暮暮，相爱的双方，能够突破时间、空间的限制，共同经历人生中的种种磨难与坚守，相互陪伴、白头偕老，那种朝秦暮楚、朝三暮四的爱情，不是真正的爱情，长久的爱情，需要建立在双方互相尊重、信任、理解和包容的基础上，遇到困难与分歧，真诚地沟通、尊重彼此的感受和需求，不断适应和理解对方的成长和变化，朝着共同的目标，一起努力和拼搏，维护和培养彼此的感情，不因时间的流逝而变淡，而是在平淡无华的岁月里长久陪伴，爱情是繁华落尽的坚守，是不离不弃的笃定。

爱情六部曲

有时候会有一些学生来咨询，说自己快受不了了：

男生会说自己的女朋友非常地"作"，两个人经常因为一些小事情三天一小吵，五天一大吵，女朋友动不动就乱发脾气，还经常把"分手"挂在嘴上要挟自己，真感觉坚持不下去了，但是两个人已经在一起好几年了，现在说要分开，还会有一些不舍……

女生会讲到刚和男朋友在一起时，非常甜蜜恩爱，两人经常一起去上课、吃饭、去图书馆自习，周末一起逛街，男朋友还经常制造小惊喜，可是3个月后，男朋友就开始变了，说好的一起去操场散步，男朋友会说要和舍友一起打游戏，原来两人有聊不完的话题，可是现在不主动，回复也变得敷衍冷淡，也不免怀疑"难道他变了吗"？

其实这些问题差不多每一对情侣都有可能遇到，为什么感情慢慢就淡了，为什么有些好像"变了"，为什么有人能坚定地走下去，有的却在半路上放弃、分道扬镳？

从恋爱到婚姻，每对情侣都逃不开六个阶段，了解当前自己处于哪个阶段也非常重要，两个人一起努力闯过恋爱中的关卡，才能收获一段美好情缘。

下面我们一起认识"爱情六部曲"。

第一阶段：暧昧期（时间不定，有短有长）

在正式恋爱之前，都会有一个阶段暧昧期，这个阶段是双方互相了解和产生好感的时期，对方的颜值、身高、身材、家境、学历等外在条件，学识、性格等内在因素都有可能使两性之间产生好感，说得直白一些则是在恋爱中是否能够提供"价值"，"价值"一般分为三种：第一种是繁衍价值，即外貌和身材，第二种是生存价值，即工作，社会地位等，第三种是情绪价值，就是一方自身是否有趣，和对方在一起聊天时是否开心，是否懂得对方的需求和想法，但不管是基于什么，心动就是信号。也许在恋爱之前，你在纸上写了很多择偶标准，比如对方一定要身高 180 厘米以上，他必须博学富有，但是突然有一天，你遇到一个人，你发现他跟你写的词都沾不上边，但你就是心动了，则逐渐进入了暧昧期。

在暧昧期男女双方会陷入"极限拉扯"，在这场拉锯战中，男女两性之间会互相试探、互相纠缠，通过眼神交流、言语暗示和身体语言等来表达感情，比如男女双方眉目传情，男生看女生时眼神中充满温柔和深情，女生看着男生时目光中充满了羞涩和期待；从早安到午安的问候，闲暇时就想跟对方聊天，小心翼翼地见面邀请……相处时除了言语外，也可以通过身体姿态、恰如其分的身体接触来表达爱意，在暧昧期互相试探但始终没有跨越最后一步，这种若即若离的关系，既让人心中小鹿乱撞、陶醉其中，但也使人困惑到底对方是否也对自己有好感，是否能够打破这层窗户纸表明心意，表白后是否会成功，失败后该怎么处理两人的关系。

在暧昧期，也许你和他／她的缘分到了，但是当自己还不确定时，我们不妨把暧昧期适当拉长一些，在暧昧期多观察，不因为一时兴起就仓促表白，让感情顺其自然，无须强求。

如何把握暧昧的技巧呢？第一，不要把自己放到男女朋友的身份来聊天，因为暧昧期关系还没有到男女朋友的程度，在聊天中可以表达关切、爱意，但是也要适度，聊天时不要带有想让对方听自己的、管着对方的语气，这样可能会让对方厌烦，效果适得其反，如果对方喜欢"霸道总裁风"则除外。第二，对方没有义务随时回你的消息，爱情是平等的，暧昧期也是，当你跟对方联系，约对方出去，发了消息之后对方没有义务立马回复，也没有必要答应出去，不要一直思来想去，揣摩对方的心思，把关注点多放在自己身上，但如果好几次对方都回避、拒绝，就需要评估对方是否也喜欢自己，若发现对方不喜欢自己，则需要及时抽离感情，避免一味付出越陷越深；第三，适当学会巧妙的直线思维。直线思维并不是说一上来就要猛烈追求，直接表达"我喜欢你""要不要做我男／女朋友"，这样直接的表达大概率会吓跑对方，暧昧期直线思维则是要巧妙地表达自己的想法，既不会给对方带来压力，也不会让自己被拒绝而陷入尴尬之中，比如"明天想见见你，好吗""学业忙的时候一定要照顾好自己，忙完了找我，我都在呢"，这样既表达了感情，也让对方感到舒适；第四，学会找聊天话题，比如跟对方谈谈兴趣爱好、学业、未来规划等，但是聊天话题不要涉及对方隐私的话题，聊天中要多听对方，防止自己夸夸其谈，忽略了对方；第五，暧昧期希望和对方待在一起，但是也要保持一定的距离感，适当的距离能够增加吸引力。

第二阶段：热恋期（1～2个月）

一般来说热恋期到底是多久，这个是因人而异的，有的像夏天的阳光般热烈持久，有的像昙花般短暂灿烂，但是无论时间长短，热恋期每一天都充满了新鲜感和激情，我们总有说不完的话，分享着彼此的喜怒哀乐，每当想到对方都会嘴角上扬，每一个细节都能感受到快乐，哪怕是在咖啡屋坐一下午，只是静静地看着对方，都感到幸福快乐，哪怕是和对方沿着马路一直走下去，手挽手都感到心安，热恋期眼里只有对方，也特别会在意彼此的心情，目光所及都是对方的优点，愿意为对方制造浪漫，所做的事情，所说的话，所有的思想都是围绕着对方。

热恋期比较短暂，做以下 10 件事可以保持感情恒温。

（1）保持分享欲，每天积极分享彼此的生活，同时也要关注对方的感受，比如"你今天参加社团面试了，感觉怎么样"或者"我今天出去参加面试的时候，好想你啊，你要是在我身边多好"，特别是异地恋情侣更应该多跟对方分享，保持联系；

（2）制造小惊喜，保持在情人节、纪念日、生日给对方送花、买礼物来表达爱意，礼物不需要非常贵重，也能让对方心情愉悦很久；

（3）多赞美对方，赞美对方的外表、审美，留意对方的打扮和小变化，不吝啬自己的夸奖，让对方感到在你的眼里他 / 她是被肯定的；

（4）提前设定好约会计划内容，不要等到约会前才想起来该干什么；

（5）不要太强势，恋爱中不要总是让对方来哄自己，而是尝试互相哄哄，想办法让对方开心，则会出现不一样的情调；

（6）寻找共同的爱好，比如一起追剧、看综艺、外出旅游、看电影、运动；

（7）遇到事情一起协商，告诉对方，尊重对方的想法；

（8）尝试多倾听对方，并对对方取得的成就给予肯定和鼓励；

（9）尝试体验对方的兴趣和爱好，了解对方学习和生活中的事件，不随意否定甚至诋毁；

（10）与其他异性保持距离，给恋人安全感。

此外，在热恋期我们降低期望值，不过分夸大对方某一方面的优点，把对方想象得近乎完美，因为热恋期大家都把自己最好的一面展现给对方，但是每个人都有优点和缺点，有可能把对方想象得越美好，等光环褪去，则失望越大、越痛苦，热恋期也需要保持理智和冷静，适当克制自己，无论是情感上的依恋还是在热恋期会有一些亲吻、拥抱等身体上的接触，不因为暂时的欢愉而迷失了自己，适当地有所保留，保护好自己。

第三阶段：平淡期（3～4个月）

热恋期一过，情侣之间就会逐渐降温、冷静下来，当初的滤镜也就慢慢褪去，你会发现对方好像没有之前那么爱你了，曾经无话不谈的人，好像也没有多少话题可聊，对方回复消息也在逐渐变慢；常说的甜言蜜语现在也逐渐难说出口，你心情不好找对方倾诉时他也好像变得不耐心；曾经幻想过两人未来的美好未来，也好像按下了暂停键；之前无时无刻不想腻在一起，现在大家却着手于自己的学习和个人生活，好像对方更忙了。这个时期，你可能会怀疑两个人的感情是不是出现了问题，对方是不是不爱你了，甚至开始怀疑自己当初的决定是否正确。但其实，每段感情都会经历这样的过程，不是他／她不爱你了，而是激情逐渐褪去，恋爱进入了平淡期，这个阶段大家也需要警惕，正是从这个时期开始，情侣之间可能会经历小争吵，而这也成为下一阶段的导火索。

进入感情平淡期该怎么办呢？

一是理解与沟通，和伴侣坦诚交流，告诉近期平淡期你的感受和担忧，或许他／她可能跟你是同样的想法，沟通可以更好地理解彼此。

二是创造新鲜事物，比如学习一项技能，计划一次外出旅游，这些新的经历会让你们感受到新奇和兴奋，同时也增强了彼此间的默契。

三是接受并尊重彼此的差异。每个人都有优缺点和性格习惯，即使是恋人也可能存在差异，这个时候就需要学会尊重彼此，不试图"改变"对方来适应自己。

四是给彼此留有空间，恋爱需要共同来维护和经营，但是除了恋爱，每个人还有自己需要去完成的学业，有自己的兴趣爱好和圈子，不强求对方要时刻围着自己，给对方和自己一些时间，在这个时间里做自己喜欢的事情，比如阅读、健身和朋友外出聚餐游玩，学习一项技能提升自己，不仅使这段感情有了松弛感，也使自己时刻保持进步的状态，不断提升自己，继续相互吸引。

五是共同计划未来，比如可以一起商定未来是否要继续深造，还是打算到一个城市就业，探讨彼此的梦想和打算，共同商讨筹划未来可以让双方有共同的目标和更紧密的联系，增进双方感情。

六是寻求他人帮助，当进入平淡期对当前恋爱关系存在疑惑、胡思乱想时，不妨跟自己的好朋友进行倾诉，向有恋爱经历的人请教，或者也可以向心理咨询师进行咨询，听听别人的经验和建议，帮助度过感情平淡期。

第四个阶段：矛盾期（5～8个月）

矛盾期也可以称作"争吵期"，这个阶段是分手高发期。

新鲜感逐渐减少，双方也逐渐越来越了解对方，缺点和不足也在逐渐显现，两个人会因为三观不一致，甚至是一件小事而争吵起来，这个时候彼此都感觉对方不是自己当初喜欢的那个人，变得陌生而厌烦，争吵时互相指责、恶言相向，甚至会把"分手"作为解决问题的方法和归宿。

我的学生小小近期就很郁闷和苦恼，她和男朋友吵架了，正在纠结要不要跟他分手，当我问及争吵原因时，小小讲到自己前几天生理期不舒服，肚子疼心情不好，就跟男朋友联系哭诉，可当时男朋友正在赶第二天要交的课程作业，就短暂安慰了小小，叮嘱小小"多喝热水"，但是这个回应让小小更加生气，跟男朋友大吵一架，小小认为在最难受的时候男朋友不安慰自己，之前生理期不舒服他都会放下手中的事情，买药、送红糖水，但现在就很敷衍、冷淡，怀疑自己找错男朋友了，前后变现反差太大，就一冲动提出了分手。可是男朋友觉得她没事儿找事儿，明知道自己很忙却不体谅他，现在还要拿分手来"要挟"，认为都是长期以来自己太"惯着"小小，一吵架就要买礼物、赔笑脸、道歉哄小小开心，这次就不打算"服软"也憋着一股气，两人就这样僵持着。

其实从小小的叙述中我们发现，在矛盾期女生没有得到以前一样的回应，就连"多喝热水"都成为吵架的导火索，也会计较彼此的付出，权衡利弊，甚至产生厌倦，矛盾期是感情最薄弱的一个时期，熬过去的情侣后面慢慢地稳定下来，而熬不过去的情侣，大多也就在这个阶段分手了，但是我们需要明白的是：恋爱中争吵不是不可避免的，争吵有时候是一种特殊的沟通方式，争吵也不是为了分出胜负，而是要去寻找两人差异点、分歧点，尝试理解对方的立场和感受，待情绪平复之后沟通、分析，寻找矛盾的解决办法，恶性争吵、开口伤人，则两败俱伤，非理智之下失去了原本甜蜜的爱情和合适的恋人。

第五个阶段：磨合期（8～12个月）

假如你和恋人成功度过矛盾期，进入磨合期则是非常幸运的。

经历了热恋期的甜蜜和矛盾期的坎坷，恋人之间越来越了解彼此，也学会了互相包容，吵架的次数也越来越少，默契程度也越来越高，在这个阶段也找到了让彼此舒服的相处状态，男生出于爱意愿意买花送给自己的女友让她开心，女生也愿意反思自己主动低头承认错误，因为相爱，所以愿意为对方做出一些改变甚至是让步，磨合期情侣很容易同频共振，默契十足，也会因为"双方气质很搭"常会被人说有"夫妻相"。夫妻相的产生，一方面是由于相似的饮食习惯、情绪倾向，让两个人面容趋于相似，另一方面则是"共情模仿"，即我们会根据一个人的面部肌肉结构来判断对方的情况，比如当我们看到伴侣表达出某种情绪时，我们也会下意识地模仿对方的脸部表情，并把这种情绪也转到自己的身上,这个过程就被人称为"共情模仿"，长期生活在一起的情侣，由于长时间的情绪暴露和共情模仿,也会逐渐地改变面部肌肉走向,即使情侣之间原本五官并不相像，但因为更容易有相似的行为和神态，逐渐地给人一种"两人"很像的感觉，当然从某种程度上讲,有夫妻相也是伴侣间互相磨合、感情良好的象征。

第六阶段：稳定期（12个月以后）

情侣能到这个阶段就非常不容易了，稳定期也是两个人最心安的时候，彼此越来越熟悉，长时间的相处两人的情绪也慢慢稳定了下来，争吵越来越少，时间和精力让彼此明白眼前的人就是陪伴自己走一辈子的人，只要不出现原则性问题，基本上也很少会有更换伴侣的想法，这个阶段一些情侣则会考虑见家长、谈婚论嫁，双方生活也慢慢地趋于稳定，而这也是爱情最好的样子。

稳定固然好，但是这个阶段也会让人对恋人的存在和付出看作是理所当然，感情也容易慢慢变得"无趣"，对恋人的关注、用心也开始减少。

所以在稳定期，我们需要适度地依赖对方，但也要彼此独立，不认为在稳定期就进入了"保险箱"而放弃自己，依附于对方生活，更要不断地提升自己，让对方看到不一样的自己，互相欣赏；懂得保持稳定期的新鲜度，不让爱情变成"一潭死水"，闲暇之余一起去做有趣的事情，偶尔制造一些惊喜，保持新鲜感，让爱情保鲜；遇到困难和挫折一起承担面对，互相鼓励、安慰，当对方取得成就时，及时给予鼓励和支持，两个人像爱人又像战友，相互扶持，一起面对生活中的风风雨雨；因为一些原因爱情长跑的恋人，不要因为进入稳定期对方就可以一直无条件地"等待和守候"，而是要给对方承诺和安全感，一起努力去克服恋爱长跑中的困难，而我也劝慰恋爱长跑中的人，在恋爱中要保持清醒，拒绝"恋爱脑"。

谈恋爱是一件美好的事情，我们在这段关系中爱别人，也被爱，经历了不同于亲情、友情的喜怒哀乐，而恋爱的根本意义在于，在这段旅途中深刻地剖析、认识了自己，在恋爱中学会爱别人，爱自己，更爱这整个世界。

也希望漫漫人生，茫茫人海，每个人都能遇到所爱之人，从相识、相知、相爱、相处，到最终的相守，在爱中学会成长，在爱中收获幸福。

───── 第三节
恋爱，你准备好了吗？

爱情是每个青年人都憧憬和向往的，泰戈尔曾说："爱情是充实了的生命，正如盛满了酒的酒杯。"而大学中的恋爱既没有中学时的幼稚，也摘掉了早恋的帽子，变得更加自由和热烈，但是恋爱对于部分大学生来说既陌生又熟悉，熟悉的是自己或者周围的同学总会有人在谈恋爱，总会有人诉说着恋爱中的开心浪漫与烦恼痛苦，陌生的是可能从来没有人教过我们爱情是什么，对恋爱有一些困扰。

你是否也曾遇到如下的一些困惑？

在大学里我一定要谈一次恋爱，要不我的人生就不是完整的！

在大学里，我的主要任务是学习，所以不能谈恋爱，这会浪费我的时间！

到底什么时候才能遇到适合自己的人？

恋爱该怎么谈？

谈恋爱要是失败了可怎么办？

所以，恋爱之前先认真想想你到底准备好了吗？

恋爱是大学必修课吗？

大学里纯真美好的校园恋爱，使人羡慕与怀念，每年毕业季"大学遗憾排行榜"上，"后悔没有谈恋爱"是热频词汇，大学没谈过恋爱就真的是一种遗憾吗？恋爱是不是大学必修课？

回应上述问题之前，我想问：你为什么要谈恋爱？

根据相关调查发现，大学生恋爱驱动主要有以下几个方面：丰富生活，填补内心的空虚，找个人做伴；被对方的优点所吸引；满足好奇心，看看恋爱是什么东西；大家都在谈恋爱，我也想要；没有恋爱的大学生活不是完美的大学生活；找到未来生活伴侣，为未来结婚打好感情基础；为了解决自己生理上的一些需求……

从这个调查中可以看出，有部分学生是因为孤独而恋爱，摆脱枯燥的大学生活，但是恋爱并不能解决孤独，也有学生存在从众心理，舍友恋爱了甚至是舍友都恋爱了只有自己是单身，所以就很想恋爱脱单，晓珊就是这样的例子，晓珊的宿舍里面有4个人，大一的时候舍友们都陆续恋爱了，周末其他人都跟舍友约会了，只有她一个人在宿舍，不知道要干些什么，而且平时听着舍友们谈论自己恋爱经历和男朋友时，晓珊就很羡慕希望自己能够摆脱单身，但是目前自己还不知道跟谁谈，也没有喜欢的男生，舍友就帮晓珊分析入学以来有没有跟自己聊得还不错的，有没有看着"眼缘"还可以的，最后发现隔壁班俊杰平时会在微信上和自己聊天，也隐约表示过对自己的好感，舍友就"怂恿"晓珊多跟俊杰聊，后来两人一来二去聊得挺不错，俊杰表白了，晓珊对他谈不上喜欢也谈不上讨厌，舍友就建议两人先谈着，说不定后面就慢慢喜欢上俊杰了。两人刚在一起时也挺开心的，俊杰会陪着晓珊一起逛街，晓珊也会跟俊杰去球场看比赛给他加油，可是两人在约着一起去爬山之后回来，晓珊就跟俊杰提出了分手，这段感情还没有过一个月就搁浅了。问其原因，晓珊才说道，刚开始两人在一起还不错，但是这次出去爬山之后才发现两人不合适，俊杰喜欢外出运动，而晓珊喜欢安静，俊杰比较大大咧咧、直男，很少关注细节，也不在意别人的感受，自己都爬得非常累了，俊杰都不关心问累不累、要不要休息，还嫌自己慢，最后晓珊忍不住向俊杰吐槽，这次外出约会也在不愉快中结束，最后两人分手了。从晓珊的恋爱经历来看，从众的人为了恋爱而恋爱，和对方了解不多就在一起，不是以真挚情感为基础的爱情，就像是空中楼阁不可能长久。

爱情是人走向成熟过程中必经的情感，但对大学生来说，谈恋爱是选修课，并不是必修课。如果出现了这样一个人，你被他 / 她身上的某一特质深深吸引，感觉心跳加速，莫名地精力旺盛，时常想起对方，你会禁不住寻求对方的行为暗示，有排他性的渴望占有，如果对方也刚好给了你一些好感暗示，那么你不必刻意地压抑自己，可以考虑跟对方表达爱意开启一段爱的旅程，爱情一定是顺其自然的。

那如果没有遇到让你心动的人，其实也不必强求，没有必要为了恋爱而去必须找一个人开展追求和恋爱；如果你还没有准备好谈恋爱，那也不需要很忧伤焦虑，羡慕周围的朋友，甚至因为周围人都恋爱而自己没有，进而否定自己，质疑自己为什么没有人喜欢，因为爱情是一段美好而长久的旅程，如果不假思索、匆匆开始恋爱，在短暂的甜蜜、激动之后，可能更多的是误解、挫折、争吵、后悔，到最后大概率也是以失败告终。

所以在你暂时还没有做好准备，或者在遇到那个人之前，我们不妨先把注意力放在自己身上，努力地去提升自己，就像小语一样。

小语大学四年一直都没有谈过恋爱，但成绩非常优秀，平时积极参加各种校园活动，也去校园做志愿者，大学这四年过得非常开心和充实，最终以优异的成绩保送到国内排名靠前的学校继续攻读研究生，虽然大学没有谈恋爱但小语也没有感到遗憾，大学这因为小语认为大学里面除了谈恋爱还有很多值得自己去做的事情，可以结交很多志同道合的朋友，也可以自愿帮助他人，而她也并不排斥恋爱，对爱情也抱有期待和憧憬，期待有人在宿舍楼下等她一起去自习室，周末有人陪她去骑行，也期待自己难过时有男朋友安慰自己，但谈恋爱并不是大学的全部，你若盛开清风徐来，先让自己更加优秀，在遇到那个合适的人时才能说"嘿，原来你也在这里"。

如何才能找到对的人？

有学生曾问我："老师，我之前谈过几次恋爱，但都分手了，屡屡失败的感情经历让自己有点'望爱生畏'，想恋爱又害怕受伤，你能告诉我，怎么才能找到合适的人？"

那什么才是"合适的人"呢？

这个回答可能人云亦云，每个人标准不一样，有人看重外在容貌、身材，有人看重内在品质，有人认为方幽默风趣能让自己开心，但什么样的人"合适"，这就看彼此的三观有多少重叠的地方，其次需要对"合适"做出属于自己的定义，定义越清晰则越知道自己喜欢、想要找什么样的人，那有人会问，我怎么知道什么人适合我？那就需要先来认识自己，自我认知是建立健康恋爱关系的关键，了解自己到底是什么样的一个人，自己需要什么样的恋人/伴侣？

首先了解自己的依恋类型！

最初我们被某人吸引，通常是由于情绪上的需求，而这种需求大多源自孩提时代未被满足的需要，幼时的需要便是构筑梦中情人蓝图的框架，所以我们要了解自己属于哪一种依恋类型。

依恋，一般被定义为婴儿和其照顾者（一般为母亲）之间存在的一种特殊的感情关系。它产生于婴儿与其父母的相互作用过程中，是一种感情上的联结和纽带。依恋理论首先由英国精神病学家 John Bowlby 提出，他发现，哺乳动物的幼崽自身没有存活能力，而那些成功获得父母关注的幼崽则比较有机会获得照顾，最终存活下来，所以，幼崽会通过哭泣、尖叫、纠缠等方式，来拒绝和父母的分离，他指出依恋理论的核心在问这样的一个问题："被依恋的那个人是不是在自己身边的，容易找到的，对自己充满注意力的。"1987年 Hazan 和 Shaver 第一次把上述婴儿—父母的依恋类型理论放到成人的恋情关系（romantic relationships）语境中研究。他们认为，成人的恋情关系的本质也是一种依恋，它们与"婴儿—父母"之间的依恋有以下几个方面的相似：

· 1. 都会因为另一方在身边，并及时回应自己而感到安全；

· 2. 在身体和心理上都很紧密，都有身体上的接触；

· 3. 当无法"联系"到对方时，都会觉得不安全；

· 4. 都会与对方分享自己的新发现；

· 5. 都会喜欢对方的长相，相互迷恋，为对方专注；

· 6. 都会有一些 baby Talk：用孩子的方式对话。

根据一个人的"回避亲密的程度"和"是否焦虑怕被抛弃"的强弱，如下图所示，心理学家将依恋类型分为四种：安全型、痴迷型、疏离型及恐惧型。

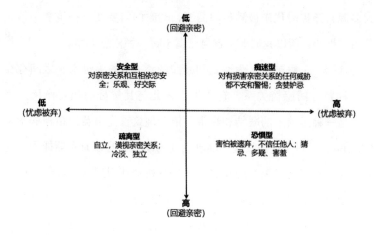

1. 安全型：焦虑程度低 + 回避程度低

童年期：孩子会感觉到父母对于自己的需求十分敏锐，比如饿了有奶喝，渴了有人喂水喝，哭了有人拥抱安抚，当父母在身边时，孩子既能与父母互动，又能独立在自己的世界里玩乐，当父母离开时，会感到情绪上的低落，但是他们相信自己不会被父母抛弃，当父母回来后又能被安抚。

恋爱中：他们表现得温暖有爱，安全感比较足，有较高的自尊和人际信任，能适应独处，不会患得患失、担心被人抛弃，比较容易和伴侣接近，也很能惬意地依靠伴侣，也不会担心别的异性和伴侣靠近，当在恋爱中产生矛盾、冲突和争执时能够积极应对。"我是好的，对方也是好的"，这种安全型依恋是比较稳定和积极的情绪连接，当恋人遇到压力时能够提供支持，当自己遇到困难时，也愿意向他人求助，多数人都希望能够找到安全型的伴侣，那现实中我们怎么去分辨呢？

（1）他们有长期稳定的朋友；

（2）自尊心比较强，对待他人也很尊重；

（3）比较积极乐观；

（4）不太恐惧死亡；

（5）遇事冷静客观……

2. 痴迷型（焦虑型）：焦虑程度高 + 回避程度低

童年期：感到父母给的回应断断续续，甚至没有，无法确定自己是否是安全的、被无条件爱着的，这种孩子"很黏"父母，担心父母离开，自己玩的时候也会时刻关注父母的动向，当发现父母离开时则会大哭大叫表示强烈的抗拒。

恋爱中：由于小时候没有一个稳定安全的依恋对象和环境，长大之后很依赖别人的赞许和认可，情绪敏感、容易患得患失，认为自己是不值得被爱也是没有价值的，总是希望得到别人的肯定，缺乏安全感，总想寻找一个能够陪伴、安慰自己的人，在恋爱关系中希望伴侣能够时时刻刻地陪伴自己，也会容易表现得"恋爱脑"，想要"抓牢对方"，经常观察对方的一举一动，怀疑对方是否爱自己，渴望与伴侣产生强烈的情感联结，否则就会感到很孤独，甚至担心被抛弃，他们还会抱怨对方不如期待的那样爱自己，容易陷入爱恨交织的关系中。痴迷型的人常呈现以下特点：

（1）在恋爱里陷得很深，但常以失败告终；

（2）在亲密关系里，呈现"孩子"角色比较多，需要对方常常照顾自己的情绪，经常要确认对方是否爱自己；

（3）喜欢和别人协同工作，很愿意配合别人，但是又担心自己的能力得不到别人肯定；

（4）幻想成功，但现实中难以坚持下去；

（5）比较情绪化；

（6）害怕离别。

3. 疏离型（回避型）：焦虑程度低 + 回避程度高

童年期：在孩提时遭遇过父母的拒绝、回避、敌对或者情感上的忽视，会感觉到父母对自己的冷漠，难以满足自己的需求，所以为了避免痛苦则会把感情压抑在内心，不再期待父母给出自己的回应和支持，父母离开之后内心波动但是表现得很平静冷漠。

恋爱中：长大后内心渴望被爱，希望别人能够给自己回应，但是又害怕、逃避亲密关系，拒绝依赖他人，随时准备"全身而退"，在亲密关系中很难去信任伴侣，多疑、冷淡，认为别人不可靠，追求个人独立，既不表达自己的情绪，也不希望伴侣对自己产生依赖，在恋情稳定之后就会冷漠和退缩，因为担心自己陷得太深之后被对方抛弃，当别人试图靠近自己时，就会紧张，疏离型常具备以下特点：

（1）很少与其他人往来 / 交往；

（2）不太愿意付出；

（3）情绪容易愤怒。

4. 恐惧型：焦虑程度高 + 回避程度高

童年期：孩子感到自己的需求不仅不能获得父母的响应，甚至还会遭受忽视、冷漠、恐吓、暴力，导致对亲密关系产生抗拒，无法与父母建立稳固的情感依恋，与父母容易产生冲突。

恋爱中：这种类型的依恋者兼具焦虑型和回避型的特点，极度缺乏安全感，无法与他人建立长久的亲密关系，对他人抱有怀疑、不信任，内心也是比较矛盾的，当伴侣靠近自己时会抗拒回避，当伴侣离开时又会焦虑不安，担心对方离开自己，在恋爱中总是忽冷忽热，让人不明白到底要怎样，当与伴侣产生矛盾时，会用冷暴力进行处理，也比较容易陷入多角或比较混乱的关系中。

那一个人的依恋类型就不能改变了吗？

其实也不是，依恋类型不是一成不变的，即使在童年没有安全依恋的对象，在成长的过程中逐渐成熟，对外部世界和他人的了解接触越来越多之后，也会慢慢地进行自我"疗愈"，因此我们也会经常听到"幸福的童年治愈一生，不幸的童年用一生来治愈"，假如童年时期没有和父母建立安全稳定的依恋关系，也不用担忧，每个人都有超越曾经的能力，不会被永远困在某一种模式里面，已有的依恋模式会不断被新的经验调整甚至改写，但也需要明白亲密关系能给我们带来支持和温暖，但亲密关系不是救命稻草，也不要将恋人当作是自己脱离苦海的救世主，更多是需要在他人的陪伴和帮助下自己去慢慢地成长和改变，让我们变得越来越热爱这个世界。

在明白四种依恋类型之后让我们回到"如何才能找到对的人"这个问题上，这个需要既要看感性方面，也要看理性方面。

感性方面，就是凭直觉，情感上就是喜欢、依恋、痴迷对方，就像周国平说的："能不能找到对的人，在很大程度上要靠机遇，也就是运气。"，依据感性来选择讲究的是一个缘分，是可遇不可求的，和一个人接触，一开始是有一个直觉的，这最开始的直觉往往是准确的，是你的性情和全部经验发出的声音，所以依靠感情去选择对的人，有时候就需要运气，也需要多留意身边的人，看看有没有人能让你有恋爱的冲动。

　　理性上就是设定指标，选择符合标准的人，但是在设置标准时也需要适当合理，权衡好自身情况之后再做一些选择，但也有一种情况就是也许我们设置了很多标准，最后却发现真正的爱情其实没有那么多的条条框框，也许你最后发现那个人跟你的标准有很大的区别，所以有时候适当地减少一些不必要的标准，或许有出其不意的效果。

恋爱应该怎么谈？

　　心理学家弗洛姆在《爱的艺术》一书中强调，爱不是一个对象问题，而是一个能力问题，恋爱到底该怎么谈主要是需要具备爱的能力，爱的能力是指跟他人建立亲密关系的能力。一个人是否有爱的能力则取决于这个人自觉摆脱自恋情结的能力，同时也取决于他从母系和家族的眷恋中解脱出来的能力，还取决于他在世界和自身的关系中是否能形成同步的能力。

　　爱的五种能力分别是：

1. 情绪管理能力

　　在亲密关系中我们要做一个情绪稳定的人，情绪管理并不是说要控制自己的喜怒哀乐，情绪控制和情绪管理有很大的区别，情绪控制是指当一个人有了情绪之后要把它强压在自己的内心，不去表达和沟通，这也就是常说的"忍"，但人总是有忍不住"情绪失控"的时候，忍久了之后不仅对于个人身体和心理健康造成大的影响，对于两性关系来说也是伤害比较大的；而情绪管理则是尽可能地使自己保持一种平和的心态，遇到有压力的时候想办法进行疏导、排解，使自己尽量少起或者不起情绪，努力做到不情绪化，也不压抑，让自己更加强大。

2. 述情的能力

述情是指用不伤害亲密关系的方式来表达自己的需要、想法和感受，而不是一言不发让对方猜，或者一张嘴就表达愤怒、不满、哀伤等情绪，并不能真正解决问题，这也是很多情侣沟通不畅的原因，在表达自己感受和想法的时候，我们不妨试试："我的观察是什么？""我有什么样的感受？""我的这些感受是源于什么样的需要？""为了满足这些需要，我希望你可以做一些什么或者我可能会做什么"……减少一些"为什么你不能理解我的感受？""你总是没有为我考虑""你就不能给我做什么吗？"通过心平气和的述情，让对方知道你喜欢什么，希望如何，会增加对方对你的理解，也避免了猜不到，还做错后的生气和误会。

3. 共情

当恋人遇到困难或者情绪不佳时，很多人特别是男生喜欢帮对方分析问题、讲道理、给建议、教育对方，但这样只会让对方更加难过生气，然后男生更加摸不着头脑，认为女生"作""莫名其妙地吵架""怎么都哄不好"，其实她可能想要的是共情，希望伴侣能够感同身受地理解自己的难处和感受，理解她、支持她，我们可以来学习一下共情话术：

第一类：简单重复对方的感受，例如：那太令人生气了 / 听起来太让人沮丧了；

第二类：支持类回应，例如：你说得太对了 / 我完全同意你的看法；

第三类：表达自己的理解和支持，例如：我听了都和你一样感受，你得多痛苦啊 / 我要是和你在一起就好了 / 好的，我想我听懂了，所以你的感觉是……，所以你的意思是…… / 我想当时你应该挺无助吧，我都不忍心听下去了 / 听完后我好心疼你啊；

第四类：鼓励对方，例如：你很重要 / 在我心里你永远都是最棒的，我永远支持你 / 我们慢慢来，不着急。

4. 允许

每个人都有不同的性格和差异，在相处中也会因为一些差异而产生分歧甚至矛盾，我们需要尊重各自的差异，允许一起成长，而不是想要操纵、改变对方，当恋人间发生矛盾时，不要过多地去纠结是非对错，硬是争出一个"理"，特别是对无法改变的事情上不要认死理，允许事情以它本身的面目存在，解决不掉就先搁置，说不定一段时间之后就有新的角度去对待和解决。

5. 影响

所谓"影响"，是指一个人生活的环境会对人产生潜移默化的影响，每个人都会受周围环境和人的影响，慢慢地发生变化，在亲密关系里面，两个人会互相影响彼此，也会自然而然地因对方而变，但是影响的前提是"允许"，放下转变对方的执念，转变成影响，让对方逐渐、慢慢地、自然地去改变，这样才能使亲密关系和谐且更加持久。

所以，你是否做好准备敞开心扉开启一段亲密之旅呢？

如果还没有准备好，那就先开始准备好认识自己、了解自己，不断提升自己，让自己具备迎接爱的能力，也许寻寻觅觅，"众里寻他千百度，蓦然回首，那人却在，灯火阑珊处。"

—— 第四节
暗恋，是一个人的兵荒马乱

暗恋，是一个人的兵荒马乱，

也是一辈子的刻骨铭心！

现在在这个世界上我只有你，

只有你一个人了，

而你对我却一无所知，

此刻你什么也不知道，

正在嬉戏取闹，

或者正在寻欢作乐，

跟人家嬉笑调情。

我现在只有你，

只有从来也没有认识过我的你，

只有我始终爱着你。

——《一个陌生女人的来信》

《一个陌生女人的来信》是由奥地利作家斯蒂芬·茨威格创作的短篇小说，是其代表作之一。在这本书中讲述的是一个陌生女人深爱着作家 R，从天真无邪的少女，到为其生下孩子，成为母亲，在这漫长时间里的所有爱恨悲伤，不过是她一个人的单恋，这些年来每逢作家生日，她都会匿名送上一束白玫瑰，而今年在其生命弥留之际，她饱含着一辈子的痴情，写下了一封长信，向作家 R 表露了自己的爱慕之情，可是当作家合上心信纸、陷入了短暂的沉思，他努力地回忆却怎么也想不起这个陌生女人到底是谁！

俄罗斯文学家高尔基称茨威格是世界上最了解女人的作家，并认为这本小说"真是一篇伟大的杰作"，相信有过暗恋经历的人，能够在这本书中找到自己，能够共情女主人公内心的感受。

暗恋是心心念念的羁绊

年少时，遇到喜欢的人，不敢说出口只能把爱悄悄地藏在心底，你会不自觉地关注他／她的动态，他／她发的每一条朋友圈，你都会像做阅读理解一样来分析和揣摩，看看他／她到底想表达什么意思，是否今天不开心了，你也偶尔会好奇他／她是否知道你的心意，他／她是不是已经有了喜欢的人……你的思绪、心情因为他／她而变化，因为他／她的一点小变化都会内心雀跃、波涛汹涌，但是见到他／她时却又装作平静如水，但是这些有时候不过都是一个人的独角戏，你的喜怒哀乐，他／她可能都不知道。云杰和慧慧第一次见面在舞蹈社团里，当慧慧在舞台上跳舞，优雅的舞姿和气质就像是仙女一样，云杰一下子就沦陷了，云杰羞涩地加了慧慧微信但是却不敢多与她聊天，只能默默关注着她，有时下课后会到慧慧上课的窗外偷看她，看到慧慧开心的笑容自己也非常开心，有时候在校园里面看到慧慧和异性说说笑笑走在一起，心里就嫉妒和酸楚，云杰也想过主动靠近慧慧，并伺机向她介绍自己，但是最终都犹豫了……就这样在大四学校毕业晚会上，在炫彩的聚光灯下，慧慧伴着音乐缓缓起舞，一切就像回到刚上大学一样，也许慧慧永远都不知道她曾惊艳了一个男孩的青春，也永远不会有一句"嗨，你好，我叫云杰，很高兴能够认识你"的问候。

也有一些同学说"暗恋最好，暗恋不会失恋，暗恋是成功的哑剧，说出来就成了悲剧"。丹丹和小鑫高中时就是同桌，面对竞争激烈的高三生活，两人互相关心和鼓励对方，高考结束后两人又不约而同地上了一所大学，虽然没有在一个学院，但是这并不妨碍两人联系和见面，他们周末会一起爬山，一起看电影，对方的消息往往第一时间回复，喜怒哀乐也都会与对方分享，他们也成了亲密无间的朋友，共同的好友开玩笑说："你们俩这么合得来，要不直接在一起得了。"其实，这也是小鑫的心声，一天小鑫约丹丹一起去看灯光秀，在五彩斑斓的灯光照在丹丹白净的脸上，小鑫心跳加速，一种强烈的心绪涌上来，"丹丹，我有话想对你说"，小鑫拉着丹丹的手，真挚地看着她。"我考虑了很久，还是想告诉你"，当无数个夜晚深思熟虑的话刚好脱口而出时，丹丹却阻止了小鑫，摇了摇头，"让我们永远做朋友，好吗？""我不太明白你的意思？""从高中开始，你就是我最好的朋友，我害怕我们谈恋爱后，我们会争执、吵架、冷战，到最后变成仇人而分手，我不想失去最好的朋友，我知道这种想法很懦弱，但是我没有别的办法。"这一刻小鑫感觉时间都静止了，他想上前靠近丹丹，但是她却后退一步转身离开了，为了不打破这层关系，最后小鑫退回安全线内，继续小心翼翼维持着和丹丹的友谊。

爱自己才是终身浪漫的开始

有时候暗恋是因为在感情中的自卑和怯懦，因为自卑总觉得自己一无是处，就像张爱玲说的，"见了他，她变得很低很低，低到尘埃里，但她心里是欢喜的，从尘埃里开出花来。"因为怯懦不敢上前一步，后退一步又舍不得不甘心，也有人在暗恋中逐渐迷失了自己，让暗恋变成了一种执念，最终伤了自己也没有得到对方的回应。

《一个陌生女人的来信》中的女主人公和作家 R 相遇时，是在她 13 岁，那时女孩父亲早逝，她与母亲深居简出，过着自卑而艰难的生活。一天邻家搬来了英俊潇洒的年轻作家，他才华横溢、颇有名气，对涉世未深的女孩来说作家就是一个谜。在后来的日子里，她把全部精力用来窥探作家的生活，作家就像是一道光点亮了少女灰暗的世界，接下来的三年女孩变了个样，努力学习成绩直线提升，认真读书至深夜，她知道作家也喜欢阅读，她坚持弹琴，她认为作家是喜欢音乐的。16 岁时因为母亲改嫁而搬家至异地，她在单相思的苦恋中度过了青春时光，而女孩也出落得美丽动人，为了能够和作家在一起，她回到了维也纳，白天在服装店里打工，下了班就来到作家住宅周围徘徊。在日复一日的等待中容貌出众的少女引起了作家的注意，他们度过了三个夜晚，但她却没有诉说对他的爱情，作家也没有认出她是当年的邻家女孩，第四天作家说要出远门也口头上答应会回来找她，可是实际上却忘却在脑后。后来女孩怀孕了，也坚持生下了孩子，为了孩子能够在良好的环境中接受教育，长大后像作家一样跻身上流社会，她不惜委身于一个个有钱的男人，但又拒绝爱慕者的求婚，为的是不受婚姻的牵绊，因为她幻想着有一天能够回到作家的身边，在随后的岁月里，她与作家常在剧院、音乐会、公园、大街上相遇，她渴望作家能够认出她，但是作家却永远投来的都是没有认出她的神情。后来她与作家的孩子因为流感而夭折，而她也陷入了重病之后，她放弃向其他人求助，也不愿意找医生治疗，最终在凄凉和病痛中孤独地死去，到死作家也没有认出她，她的生命定格在了 24 岁，短暂的一生却被这段无望的爱恋耗尽了心力，在这段感情里她因为自卑而爱得卑微。其实我们如果再来看看女主人公的经历，虽然父亲早逝母亲改嫁，但继父家境优越而且对她也不错，她成绩优异、容貌美丽，但是这些好她都视而不见，而是执着地爱着作家，这种执念逐渐失去了自我，当一段感情以极端而且偏执的方式扎根，那最终都会变成一场灾难。其实她最应该爱的人就是自己，真正的爱情是人格独立上的风雨同舟，相互独立，爱情不止为了感动别人，更为悦纳自己，不妨将注意力放在自己身上，而非盲目地迷恋。

没有回应也是一种回应

有这样一个提问：没有回应的山谷，值不值得纵身一跃。

有个答案说：沉默也是回应，没有你要的声音，那就换个山谷吧。

这个回答不无道理。纵身一跃的勇气让人佩服和感动，但有时换来的只会是粉身碎骨的结果。如果暗恋很久对方都没有给回应，那我们也需要思考除了对方不知情之外，也许就是不喜欢吧，这个时候不妨悬崖勒马，放弃执念及时止损。

有一个学生我们暂且称呼她小莎，她向我倾诉："我跟一诺是在一次《合唱与指挥》选修课上认识的，当时我们在一个小组里面，经交谈之后才发现我们有很多的共同点，喜欢同一个歌手，平时喜欢听演唱会，还一起约着是否能够组建一个乐队，经过半年的筹备我们的乐队成立了，我们叫它'星辰乐队'，这个名字是我们一起取的，希望音乐就像星星一样，能够照亮整个夜空，让更多的人在音乐中找到快乐。我们会一起排练，一起外出演出，因为爱好相同也有着说不完的话，跟他在一起我感觉很开心，我坚信他应该也一样。慢慢地我们的关系超越了一般朋友的界限，马上就要大四了，很多同学都希望能够尽快毕业，走进社会去做一个真正的大人，而我却担心毕业后我们就各奔东西，不能够像现在这样经常在一起，老师你说'我喜欢他，他知道吗？'"我没有回应，只是问了小莎一个问题："你靠在火炉边会没有感觉吗"，小莎沉默了。

不可否认的是，有些人在两性关系中比较迟钝，可能他跟异性相处的时候，并没有将"朋友关系"延伸到恋爱关系上，也有像上述讲到的不愿意失去好朋友而将爱意深藏于心，陪伴在对方左右，那也有明知道对方喜欢自己却假装不知道，有句话说"你永远叫不醒一个装睡的人"，真正喜欢一个人真挚的眼神是藏不住的。对于朋友而言，尤其是男女关系，时间足够长身边有一个很"合得来"的人，周围的人都察觉到了，他可能也知道，而他不回应、不表态，可能是还不够喜欢，他可能只是习惯了周边有这么一个人存在，习惯了他的嘘寒问暖，习惯了对方的付出，就像小莎辗转反侧在纠结到底一诺喜不喜欢自己，要不要跟他表白时，发现一诺朋友圈里出现了和异性的照片时的感受一样，那一刻小莎整个人仿佛"凝固"了。看到一诺站在女生旁边阳光开心地笑时才发现，他跟自己在一起时好像没有这样过，看到一诺旁边小鸟依人、温柔温婉的她时，也才发现原来自由洒脱大大咧咧的"假小子"形象并不是一诺的理想型，也许自己和一诺只是音乐上的"志同道合"，可一诺的生活里并不只是有音乐。在一段时间消沉之后，小莎虽然内心有遗憾，也有不甘，但是也释然了，也没有再说"一诺，我喜欢你！"这句话，而是将自己放在合适的位置上，祝福他偶尔还一起彩排和演出，也为自己的暗恋画上了一个句号。

那也有人说，难道暗恋就不能开口表白了吗？其实也不是，如果你喜欢对方，且能感受到对方的爱意时，就需要大胆地说出来，不用过多地担心未来会不会吵架，会不会分手，会不会最终闹得连朋友都没得做。有时候过多的顾虑会遗憾一辈子，说不定对方也是因为各种原因不敢表达，说不定当你大声表白的时候，对方会说"原来你也喜欢我"。芳芳和明明高中同学时就是同桌，两人成绩都非常优异，慢慢地相处后两人互生情愫，但由于胆怯和高考的压力，两人将这段感情放在了心底，互相鼓励对方。高考过后两人如愿进入了国内知名大学，但没有在一个城市，芳芳看到校园里熟悉的身影时总会想起明明，为了给自己青春有个交代，也使未来不留遗憾，甚至都想好了如果被拒绝大不了从此不联系做个陌生人就行，因此芳芳给明明写了一封信。在等待的7天里，芳芳很忐忑但也无所畏惧，最终等来了明明的回信。信中第一句就是："原谅我的怯懦，感谢你的勇敢……"原来明明由于担心芳芳会不会不喜欢自己，也害怕自己家境一般，两人不在一个城市，犹豫自己不能给她幸福……在纠结和担忧中迟迟无法开口，一封信让两人互明心意，幸福地在一起，最终组建了幸福的家庭，有了可爱的孩子……由此可见，互相暗恋的人，需要有一方大胆一点，勇敢迈出一步，也许就能成就一段美好的姻缘。

如果发现惊艳了时光、暗恋着的那个人并没有给你回应，或者发现对方并没有在一起的心意时，那也不必强求，该放手就要放手，不能埋怨对方或者否定自己，甚至去纠缠对方，这样只会让自己难堪，从而陷入执念和痛苦之中，最起码以后回忆这段感情时不会因为自己的怯懦而后悔，结局不如想象中那般美好，但也是给自己了一个交代，未来还很长，我们要相信会遇到那个真正对的人共度一生。

而"享受"暗恋者殷勤问候，喜欢暧昧关系里若即若离感觉的朋友，那么我建议你不妨认清自己的本心，究竟要的是什么，正视自己，放弃"玩一玩"的心态，尊重他人对你的好感，如果不喜欢就给对方清晰的回应，莫因游戏心态而失去那个对你好的人。

如何成功有效地表白？

前面我们讲过互有好感的人需要勇敢往前走一步，去表达爱意，但是如何表白却难倒了很多人，有时候很简单的一句："我喜欢你"就能成就一段美好爱情，而有时候精心策划准备一场表白盛会却惨遭对方拒绝，其实表白最重要的并不是表达方式，而是如何创造表白的基础，那让我们一起来看看，如何提高表白成功率。

第一步：清晰明确双方心意

表白不是贸然而行，就见了一两次面，甚至是一见钟情认为非常喜欢对方，就贸然表白这样很容易被拒绝，这个时候先不要着急，先明确自己对对方的感情是否是真挚的，到底是一时冲动，还是深思熟虑后的结果，对对方的了解程度到底有多少，是否愿意为了这段感情去付出努力，如果感情中遭遇挫折和矛盾是否愿意去包容和磨合……这些问题都需要认真考虑，如果没有考虑清楚就表白，即使两人在一起了，激情过后爱情也会被很多现实困难打倒。那如果确定了自己的感情是真实的，那就需要考虑下一方面，即了解对方的想法。

爱情是两个人的事情，并不是单相思，需要两个人都接受和愿意，所以在表白之前，了解对方的感情状况和对你的态度就非常重要了。想要了解对方，则需要花时间和对方接触，先从朋友开始做起，先弄清楚对方是否已经有了男／女朋友，如果这一点不清楚的话就去直接表白则会让双方都很尴尬，结果也就不言而喻了。

有人说那怎么知道对方对自己也有意思呢，这个就需要通过一些观察和试探，喜欢一个人的眼神是藏不住的，你可以观察对方跟你在一起时，是否是轻松自在的，对你的一些有意接近的表现是否给予积极的回应，比如主动聊天时对方有没有及时的回复，周末约对方出去是否同意，试探性委婉地表达爱意对方是否有警惕性或者此后保持了距离……如果你得到的都是肯定的回应，那就可以考虑再进一步。

但是也需要重视心理学中著名的"投射效应"，这个效应是指："人在认知和对他人形成印象时，以为他人也具备与自己相似的特性的现象，把自己的感情、意志、特性投射到他人身上并强加于人，即推己及人的认知障碍"，也就是说很多人追求爱情不成功的原因，便是受到了"投射效应"的影响，忽视了对方的感受。比如在追求一个人时 24 小时都开机等待对方的信息和电话，随叫随到，不计回报地付出，就认为对方一定会被自己的真心打动，可自己做了这么多对方并不知道，不了解你在背后的付出，那表白后自然不会获得想要的结果。了解是相互的，只有在表白之前确定对方了解自己，真正感受到了爱意，表白才有成功的可能，否则自己付出再多，到最后都是自我感动。

那如果了解对方不喜欢自己之后，就需要清楚对方是因为不了解而犹豫不决，还是单纯地不喜欢自己，如果是前者则不能着急，可以尝试加大两人的联系和接触，给双方一个缓冲期，让对方更了解自己，建立信任、增加感情，如果是后者则需要保持理性，及时退回到普通朋友关系上来，不纠缠，也不要陷入单相思中不能自拔，最终陷入执念造成苦果。萍萍和乐乐在一次老乡会上相识，乐乐比萍萍高两级已经大三了，他帅气俊朗，谈吐举止绅士，由于是老乡两人就互加微信好友，经过聊天之后才发现两人高中竟然是一个学校毕业，所以聊天话题就更多了，两人都是工科学生所以平时萍萍有一些功课也请教乐乐，乐乐也没有想太多出于礼貌和老乡情分，也会给萍萍一些指导，但也会注意保持一些距离。但没有恋爱经历的萍萍却陷入了爱情中，她认为两个人非常合适，不管是家庭、成长环境还是聊天话题，萍萍甚至想到两个人是老乡，如果以后在一起父母肯定会同意。在一次微信聊天之后，萍萍鼓足了勇气向乐乐表白了："我喜欢你，我们能在一起吗？"乐乐震惊了，虽然自己没有女朋友，但对萍萍却没有非分之想，一直把她当作老乡甚至是妹妹看待，乐乐委婉拒绝萍萍之后，就适当地跟她保持了距离，聊天次数也越来越少，萍萍接受不了这样的结果，就不停地在微信上留言甚至一个一个电话"轰炸"乐乐，乐乐不堪其扰，就向萍萍解释之后删除了微信、屏蔽了电话，"失去了"乐乐的回应之后，萍萍一直接受不了这样的结果，明明两人之前都聊得不错，为什么对方突然就"消失"了呢？慢慢地萍萍变得越来越不开心，茶饭不思，夜晚睡觉时失眠还经常哭泣，陷入了"单相思"，一段时间后情绪持续不佳影响了学习、身体和生活。

单相思是渴望爱情的一种心理反应，单相思基本上都是没有得到对方回应的爱恋，单相思和暗恋是两种不同的感情经历，长时间陷入单相思中容易对个体的情绪造成非常大的影响。比如有些单相思学生会经常把自己的想法和情感毫无保留地倾注在对方身上，但又陷入对方是否有意的猜测之中，最后使自己出现痛苦、彷徨、忧虑等负面情绪，也有学生就像前面的萍萍一样，由于对爱慕者一往情深，希望得到对方肯定回复的心太迫切，误判对方的行为和反应，曲解对方原意，造成对他人行为认知偏差，单相思的人在单恋中体会更多的是失望、痛苦、否定，长此以往则会情绪失衡造成焦虑、抑郁等情绪疾病。如果在了解对方不喜欢自己，是单相思之后，且已经出现一些情绪障碍，则需要及时进行干预和自我调整，比如转换环境，转移自己的注意力，适当加大学习力度，适当运动，多参与集体活动，其次则是清除和对方有联系的物品，比如删除微信聊天记录，尝试消除对方的一些痕迹来缓解单相思。

第二步：选择合适的时间

合适的表白时间也非常重要，如果想要表白成功不妨试试以下几个时间段：

第一个，选择一个晴朗的晚上，有研究发现，人在白天是理性动物，到了晚上就是感性动物，到了晚上人的大脑会自动分泌出血清素等物质，让人的身体放松，如果在晚上表白，人的防御心态会降低，感情也更加充沛一些，一般晚上的成功率比白天要高一些。

第二个，一顿饭后，特别是女孩在吃饱饭的情况下，对浪漫事物感兴趣的程度要远远高于没有吃饱的时候，比如晚上你和心仪对方一起吃饭，你在想着如何表白，说一些甜言蜜语，对方的注意力可能在美食上，所以先不要着急，等吃饭结束之后再表白也来得及。

第三个，重要节日，特殊的节日本身就赋予了很多意义，比如"214""520""521"、七夕、对方生日等等，这些日子表白不仅具有仪式感，也会让对方懂得你对表白这一件事情的重视和精心准备，有时候"真诚""用心"就够了。

第三步：选择合适表白的地方

选择合适的地方也是表白成功的关键，特别热闹的街头肯定是不行的，一般朋友外出时多喜欢去吃火锅、大排档，但是如果要表白则需要选择安静、有情调的地方，比如有包厢的餐厅、安静的咖啡屋或者公园，也有一些人喜欢刺激，喜欢带对方去游乐园玩过山车，这种心跳加速、刺激的喜悦感能够增添感觉，如果你的心仪对象喜好安静那么这个方式就不用体验了，有可能会起到相反的作用。

第四步：制造浪漫的惊喜氛围

这个世上应该没有人不喜欢浪漫和惊喜吧，比如在对方宿舍楼下，摆上心形的鲜花和蜡烛，学生喜欢晚上在女生宿舍楼下摆上蜡烛，伴着宿舍楼下暖暖的灯光，缓缓地向她走去，会增加对方"YES"的概率，或者在安静的咖啡厅里，突然舒缓的钢琴声起，你抱着一束鲜花和事先准备的小礼物，向她表达了藏在心底许久的爱意，音乐、鲜花、礼物等浪漫元素能够增强表白效果，让对方感受到你用心的关爱，但是注意浪漫的氛围要适度，不可过分渲染氛围，否则会让对方感受到压力和不自在，比如你让很多朋友来见证你的爱情，现场布置得很浪漫，你也说了很多动听的话，可是由于周围人很多，她可能会因为被周围很多人围观紧紧盯着害羞得抬不起头来，也或许会因为你的强加压力落荒而逃或者说一句"我不喜欢你"后扭头而走，所以"浪漫"氛围还要根据对方的性格和喜好来确定。

第五步：事先准备好表白话语

表白的时候一定要清晰表达出来爱意，言语一定要有逻辑，比如为什么表白，喜欢你哪些方面，在一起后我会怎么做等等，例如，"我喜欢你，希望能够和你在一起，你愿意成为我的男／女朋友吗？""我觉得我们之间的感情已经很深了，我希望能进一步发展，你愿意和我一起走下去吗"如果担心自己现场紧张，可以提前准备好要怎么说，并且站在镜子前多练习几次，表白时的言语要真实、真诚，同时也要保持自然、大方、自信的态度，不要用强制、逼迫或者不自信的语气来表白，如果你的心仪对象喜欢"霸道总裁风""壁咚"那是另一回事情，如果对方不喜欢这种风格，则会感到不舒服甚至反感，认为你很"装"，另外也要防止对方突然地反问，比如你说喜欢对方，对方如果问你"你喜欢我什么？"你说如果我们在一起，我会对你更加好，对方问你"那你具体准备对我怎么好呢？"

有时候你身边的小伙伴可能会根据自己经验或者看到影视剧、身边人成功表白的方式，来给你当"参谋"，出谋划策，这些有时可以参考，最主要的还是要考虑心仪对象能够接受的方式和言语，一般可以分为以下几种表白攻略：

热情奔放式：适合活泼开朗，且对你已经有好感的对象。对这种对象表白可以制造惊喜，当面表白，尽量凸显你的勇敢和诚意，你可以大声说"XXX，我喜欢你很久了，你愿意做我女朋友吗？"

含蓄式：适合性格内向且对自己不反感的对象。你可以先暗示或者语言试探，如果对方不反感，就可以直接表白了。比如浪漫气氛烘托下，你深情地说："XXX，有一句话我已经想了很久了，今天我就想告诉你"，如果对方不喜欢你，她知道你可能要表白了，则会阻止你，避免两人尴尬。如果她也刚好喜欢你，则会让你说下去，这时再说出后面的话则会合适很多。

间接式：适用于性格比较内敛的对象，你可以先请朋友暗示或者转达你的心意，如果对方对你也有意思，则再表白，免得被拒绝。

心机式：适合自己比较胆小不敢表达，对方态度也不够明朗的情况，这个时候你就要大胆一些，要"豁出去"，借着某一个机会把内心想说的话都说出来，但是不能喝酒壮胆，也不能表现得太过激动甚至癫狂，这样容易吓到对方。

第六步：给对方思考的时间

当你表达爱意之后，如果对方立马回应了"YES"，那就皆大欢喜，如果对方当场没有给回应，那也不要急于求成，因为建立恋爱关系是一个比较重要的事情，关乎两人后面能否顺利相处，对方在表白现场可能因为一些因素没有考虑清楚，那不妨给对方思考的时间，这也是对自己和对他人负责的表现。

第七步：不轻易放弃

第一次表白时对方可能会因为多种原因拒绝，第一次表白失败并不意味着两个人之间的关系就结束了，这个时候不要轻易放弃，可以试着给对方一些时间和空间来思考和消化对你的感情，同时你也可以直接询问或者侧面打听对方拒绝你的原因，在表白失败中寻找原因，吸取经验，比如是否是因为不合适的时机和场合，或者是自己表白的话语不是对方期待的，甚至之前两人之间存在一定的误解导致对方不喜欢自己，这个时候就要向对方解释澄清，努力去化解误会，改正自己，等到合适的时机，再次尝试表白。

第八步：心态平和接受对方的答案

在表白之前要做好准备接受对方的答案，无论对方是否接受表白，都要尊重对方的决定并且保持良好的心态，如果对方不接受你的表白，但仍然想和你保持朋友关系，你可以根据自己的情况考虑是否继续做朋友，如果对方明确表示了拒绝，也不要过于沮丧或者生气，保持自己的自尊和冷静，不要继续纠缠，不过分强求。现实中有一些人在表白遭遇对方拒绝之后，就会自暴自弃，否定怀疑自己，用一段时间来"疗伤"，人遇到挫折，还是被自己喜欢的人拒绝是一件比较受打击的事情，但是不能长时间陷入痛苦之中，借酒浇愁，甚至为了展示自己的魅力、验证自己也有人喜欢就"报复"，与对自己有好感但并不喜欢的人在一起，认为开启一段新的感情就会忘记对方，或者认为跟别人在一起能够让对方后悔，这种做法都是不可取的，也是不负责任的一种表现，不仅不能让自己从被拒绝的伤痛中走出来，还会给第三个人带来伤害，还有一些人则在被拒绝之后一时不能接受，即使在对方明确拒绝之后仍然不"死心"，苦苦"哀求"对方再给自己机会，并保证自己能够表现得更好，甚至陷入执念之中，认为没有对方自己就无法生存，也不愿意对方跟别人在一起，纠缠对方甚至导致悲剧的发生。

　　其实你喜欢对方、跟对方表白没有错，但对方拒绝你也没有错，爱情是两个人的事情，不是任何一个人的独角戏，主动告白本来就是一件需要考虑筹划、非常勇敢的事情，那既然有勇气迈出表白这一步，我们也要有勇气去接受别人拒绝的结果，因为这世上大多东西都可以靠努力去完成，但是爱情就是不行，爱的感觉不会因为被感动就能产生，强扭的瓜不甜。

　　在恋爱中，表白是一个非常重要的环节，想提高表白成功率，需要多个方面的因素：了解彼此的心意，选择合适的时间、地点，需要考虑表白时的氛围、表白的言语，也需要考虑对方的感受，给对方充分的时间考虑，还要有客观冷静的心理素质，总之，想要表白成功开启一段爱情之旅，是天时地利人和相整合结果，希望上述方法和技巧能够帮助大家成功表达自己的感情，向心仪之人表达爱意，祝愿大家都能收获美好的恋爱体验。

第六节 ——————

不喜欢则拒绝

————————

　　之前有个女生向我求助："老师，有个一直相处还不错的异性朋友突然跟我告白，可是我一直都把他当作朋友，对他也没有进一步发展的意思，我并不想和他恋爱，有没有什么合适的方法，既能干净利落地拒绝他，还能不伤害他？"

　　你曾经是否也遇到过这样两难的处境？

　　如果遇到不喜欢的人对你表白，你的第一反应是什么？

　　是直接开口坚定拒绝，还是假装没有听到，转移到下一个话题；是被对方的真挚所感动，想着"要不试着在一起，说不定就喜欢上他了"，还是不知所措不知如何拒绝而向别人求助……

　　很多人不懂得如何拒绝别人，一种原因是不知道该怎么开口，怎么去说"不"，另一种则是担心拒绝之后会不会影响两个人的关系，拒绝一个自己不喜欢的人，不是"狠心、残忍"，而是对自己和他人的负责，别人有喜欢你的权利和自由，而你拒绝对方也没有错，因为你也有这个权利和自由，另外当别人在准备表白时，其实已经有了"假如对方拒绝该怎么办"的心理预期，所以不要因为难为情而不敢拒绝别人，那我们就来聊聊，如何恰当地拒绝别人的喜欢！

但是在开始这个话题之前，我想跟大家一起探讨以下两个关键问题：

被感动的爱情不是爱情

让我们先看看这样的一个案例，我有一个同学暂且叫她夏夏，由于家里孩子比较多，作为家中老大夏夏总是被教育要听话懂事、谦让照顾弟弟妹妹，当遇到困难和挫折时很少向父母倾诉、寻求帮助，从小缺乏父母的关注和疼爱，内心也比较孤独和自卑，但还要表现得非常坚强。进入大学后她认识了班上的同学强强，在强强眼中夏夏就是"完美女神"，外表靓丽、性格温和、成绩优异，强强主动接近夏夏，以请教学业为由跟夏夏联系，以此为缘由经常给夏夏打热水、买早餐、嘘寒问暖，由于是一个班的同学，夏夏也没有往其他方面去想，虽没有拒绝强强的好意但也适当地保持了距离，在经过一个学期的接触之后，强强思虑很久并向夏夏表白了，强强很真诚地说："虽然你外表看起来很坚强，开朗，但是我知道你内心却有时候不开心，我会尽我所能来让你开心，不再孤独……"夏夏认为强强人不错，虽然没有那么喜欢但也不讨厌他，但是强强说的话却让自己非常感动，没有想到有人能够理解自己，那么在意自己，想起强强以往对自己的各种好，夏夏犹豫了，心想："也许在一起慢慢地就喜欢上他了呢，以前的人不都是慢慢培养感情的吗？"后来夏夏和强强在一起了，强强开心得就像个孩子，费尽心思对夏夏付出，送礼物、陪她一起吃饭，甚至周末不打游戏陪着夏夏去图书馆学习，夏夏明白强强对自己很好，但是相处一段时间还是对他喜欢不起来，认为自己不应该继续再耽误强强，所以最终跟强强提出了分手……

从夏夏的故事中我们发现，爱情需要感动，但感动不一定就是爱情，你也许会因为某一个人对你很好，或因为"受感动"而跟对方在一起，甚至发现"爱"上了对方，但是有没有想过，即使在一起，你爱的到底是不是这个人，还是喜欢的是这个人的付出和感动，这种因感动而产生的情侣关系，也往往会使爱情的天平倾斜，一方在不停地付出认为总有一天能够得到对方的心，而另一方却始终没有给出预期的情感回应，长此以往付出者也慢慢地会心理出现不平衡感，最终会使两人的感情走向终结。其次爱情是感动的延续，爱上一个人不仅仅是某一个令人感动的瞬间，更是爱这一个整体，需要对对方全面地了解和接受，随着时间的推移，彼此之间了解更多，包含对方的优点和缺点，即使一开始认为可能慢慢地就会从心底里接受对方，可是长处久了之后就像夏夏一样发现对方还是不适合自己。

所以不要因为感动就跟对方在一起，也不要因为担心拒绝会伤害对方就勉强在一起，将就的爱情、婚姻没有幸福感，有的是各种嫌弃、不满，最终争吵、结束，两败俱伤。

拒绝暧昧，不消耗别人对自己的喜欢

在两性关系中也存在不喜欢对方，又不表示拒绝，却也不给肯定答复，用这种"隐隐约约、若即若离"的关系"吊"着对方，其实就是"暧昧"。有人会说爱情不都是从暧昧开始的吗，这个认知其实是错误的，爱情是因为喜欢开始的，而不是暧昧。

有研究显示，男女之间暧昧的周期一般不会超过2个月，2个月之后，暧昧会有三种结果：一种是挑明关系，成为恋人；一种是

默认身份但不表态，保持一种模糊不清的暧昧甚至情人关系；最后一种则是关系中止。如果一个人真的喜欢对方，那么他一定会努力去推进两人的关系，向对方表达爱意，因为他担心会因为自己的迟钝，而失去对方。如果你和对方的暧昧期超过 2 个月，你也直接或者间接表达过自己的爱意，而对方没有明确拒绝，回应模棱两可，或者装傻充愣不给回应，那可能对方只是想跟你保持暧昧的关系，喜欢你对他的付出，喜欢被人"围绕"的感觉，喜欢这种暧昧的过程，这个时候我就要劝你，认清形势及时止损，也许会有人说可能他没有表态是为了进一步了解和考验自己，以明确到底喜不喜欢，可是依据对方给你的回应，你应该是可以分辨出来是想"暧昧"还是再"考验考察"，这个时候，我们需要保持清醒的头脑，拒绝"恋爱脑"。

关于暧昧关系，有人会说："我没有想跟他暧昧，是他总是缠着我"，那为什么对方总是会缠着你呢？是否是因为处理跟对方的两性关系中没有把握好界限感，给了对方"可以继续下去""有机会"的错觉，比如异性请你吃饭、下课后等你、约你去看电影等等，看起来是对方主动付出的，但是实际上也是你给了他机会，才会顺着这根绳子一直往上爬。而对于玩暧昧来说，看似是对方被"玩弄"了感情，但最终也可能会引火上身，害了自己，比如对方花了很多心思在一个人身上，不管是情感付出还是金钱投入，有什么愿望都想去满足他 / 她，因为喜欢他 / 她，想要继续发展下去哪怕付出再多也都是心甘情愿的，但是如果有一天对方发现心仪之人只是想发展"暧昧关系"，或者想结束这段暧昧关系，以至于对方气急败坏，再加上遇到一些性格偏执的人，可能会让对方身败名裂甚至是产生恶性事件，造成更大的伤害。以前一个学校就发生过这样的悲剧，一名大三女生和校外已就业男生结识，两人在微信上聊得比较开心，男生对女生很上心，除了日常嘘寒问暖之外，为了表达诚意就在各种节日上送女孩一些礼物，比如零食、玩具，甚至还会送一些名牌包和化妆品，女孩沉浸在男生的甜蜜关爱里面，也明白男生想与自己想进一步发展的意图，但都委婉地以自己忙于考研，不想分心拒绝，所以两人就继续维持着暧昧关系，一年之后女生顺利考上了研究生，当男生觉得女孩的考研目标已经达成，应该是时候跟对方表白时，女孩坚决地以今后要读研究生，两人差距越来越大拒绝了男生，男生认为受到了欺骗，被女生当作"备胎"，"吊了"一年多，就来到了学校找女生均被拒绝，男生回想一年多投入在女生身上的感情和金钱，越想越气，一怒之下在女生回宿舍的路上用刀砍向了她……

所以在感情上，喜欢就是喜欢，两人互表心意，开心地在一起，不喜欢就需要告知对方，不仗着对方的喜欢去消耗别人的感情，不要和任何异性玩暧昧。

讨论完上述两个问题之后，就回到最开始的问题上。

如何巧妙表达拒绝？

我们先来看看常见的拒绝对方的错误表达方式：

你："不好意思，我现在以学业为重，暂时还没有恋爱的打算。"

对方："没关系，你什么时候想恋爱，我可以等你！"

委婉拒绝，却给了对方"继续"的动力。

你："我只想好好学习，不想分心。"

对方："可是恋爱和学习两者并不冲突，我们可以一起努力、一起进步。"

理由不充分，让对方存在幻想。

你："我觉得咱们不合适，我们先做朋友吧。"

对方："做朋友也可以，我会让你慢慢喜欢上我的。"

保持联络，暗示对方还"有戏"。

你："我一点都不喜欢你，请你以后再也不要来打扰我了！"

对方："原来我这么令你讨厌，我太失败了。"

表达不当，使伤害升级。

从上述列举的拒绝方式来看，有时候太过委婉对方可能并没有接收到你的意思，反而还会认为是因为你没有准备好，或者是害羞含蓄，有时候想着先有个缓兵之计，让对方暂时不要靠近自己，但是却给了对方还有戏的念头，有时候言辞激烈的拒绝，却又会让对方难堪，受伤，所以我们发现，想要恰当地拒绝不喜欢的人，也不是一件容易的事情，下面就让我们来看看，如何高情商地拒绝别人的爱意！

第一，态度坚定，讲明拒绝的缘由

有时候长痛不如短痛，虽然直接拒绝对方会让其难过伤心，但如果你态度不坚决，就会让对方仍抱有幻想，长此以往则会有更大的伤害。所以如果对方给你表白，你可以说："很抱歉，我们只能做朋友""我有喜欢的人了，我们两个是不可能的""经过这一阶段的相处我发现我们不合适，相信你会找到更适合的人。"

第二，言辞斟酌，避免打击对方自尊

现实中非常不喜欢对方却又被对方表白时，有人会说："如果我身上有哪一点是你喜欢的，请告诉我，我改了还不成。"甚至会有人通过攻击对方的容貌和身材来打击对方，让其迎难而退。其实这样大可不必，被人喜欢说明你身上某一个特质是他所倾慕的，如果不喜欢可以言辞上稍委婉一些，真诚地表达自己的原因，不需要通过挖苦伤害别人来达到拒绝的目的，这种现象一般在校园里比较常见，玲玲就遭遇过这样的事情，玲玲是学校篮球队的一名成员，和班上同学相比身材较为微胖，在一次学校男女混合篮球比赛中认识了泽浩，泽浩篮球技术很好，特别是三分球命中率高，常被同学们称赞为"库里"，玲玲对泽浩非常钦佩，经常去看对方训练和比赛，在一次比赛后趁着泽浩所在的队伍获胜，玲玲向泽浩表达了自己的爱慕和篮球才华的欣赏，可是泽浩却说："我不喜欢像你这样身材'魁梧'的女生，而且我也有了喜欢的人……"泽浩说完身边好多人都笑了，甚至还有些泽浩的女粉丝窃窃私语，讨论了玲玲，玲玲瞬间感觉无地自容，想要找个地缝钻进去，虽然只是想表达对他的爱慕，也没有考虑过要跟他成为男女朋友，可是"魁梧"两个字却深深地刺痛了她。从此之后玲玲慢慢地退出了球队，经常通过去操场跑步、健身房锻炼、节食来瘦身，风雨无阻，最终一米七的身高，体重却减到了不足百斤，玲玲的体重减下来了但是内心的打击却长时间没有抚平。

被喜欢、倾慕的人恶意拒绝是一件非常伤人的事情，即使是拒绝别人，也不应该离开尊重、礼貌和真诚，如果要拒绝对方，不妨试试"正面评语＋拒绝""正面肯定＋建设性意见＋鼓励性结尾"的模式，比如"感谢你的肯定和喜欢，让我受宠若惊，但是咱们确实不适合"，"谢谢你的青睐，但感情是勉强不来的……""感谢你邀请我出去玩，但是我只把你当朋友，希望以后你能够和真心喜欢你的人出去约会"这样的拒绝方式，既让对方不尴尬，也能表明自己心意。

第三，减少接触，保持清晰边界

想要拒绝对方不仅需要言语表明心意，日常行为上也要逐渐地减少跟对方的接触，保持一定的边界感，比如减少回复对方微信消息的次数，不再单独接受对方的外出邀请，对方赠送的礼物也要委婉拒绝，比如"谢谢你的好意，但是你送的礼物我不能收""我们不合适，所以以后咱们也不要再单独出去了"这样可以让对方知道你确实是不喜欢他，两个人不适合，这样减少了对方幻想可以再继续努力表现获取你的喜欢的可能性。当然减少接触也不是说立马就跟对方翻脸，不说话、不联系、前后判若两人，两人之间的关系就像仇人一样，见了对方远远地躲着，因为对方遭到拒绝之后，也需要有一个接受的过程。

最后，希望别人的表白不成为你的心理负担，如果不喜欢就恰当地拒绝吧。

第七节 ————
初恋，为什么让人念念不忘？

  2011 上映的电视剧《甄嬛传》热播十几年，播放超 100 亿次，人气不减堪称神剧，剧中有一个非常神奇的人物——纯元皇后，她从来没有出现过，但她的影子却无处不在，赢了后宫所有女人，也牵动着许多人的命运，甄嬛因样貌像她而被皇帝宠爱，皇后宜修因为有姐姐纯元这个"护身符"，多次祸乱后宫却能化险为夷，纯元皇后就是皇帝的软肋，有关她的一切，都能让这个经历"九子夺嫡"杀伐决断的男人平静下来，在雍正心中她就像白月光一样地存在，即使后宫三千佳丽，纯元也是无人可替代的初恋，对她念念不忘，即使她已去世仍封她为皇后，他一生都在寻找她的替代品，就连甄嬛也只是"莞莞类卿"。虽然电视剧中故事情节和人物都是虚构的，但是作为一个皇帝能一生只爱一人，就已经让人为之动容。

  不仅《甄嬛传》中的皇帝如此，在现实生活中，很多人都有初恋情结，"从前从前有个人爱你很久，但偏偏风渐渐把距离吹得好远，好不容易又能再多爱一天，但故事的最后你好像还是说了拜拜……"初恋很多时候是爱情的一次演习，能够修成正果的并不多，很多人由于多种原因没有跟初恋终成眷属，心底里最深处却给对方留下了位置，即使和他人恋爱、结婚、生子，一起度过漫长岁月，但没有忘记自己的初恋。也不禁使人深思："为什么初恋让人念念不忘？"

未完成情节——契可尼效应

从心理学上来讲，初恋情结是"契可尼效应"在爱情中的体现，西方心理学家契可尼做了许多有趣的试验，发现一般人对已完成了的、已有结果的事情极易忘怀，而对中断了的、未完成的、未达到目标的事情却总是记忆犹新，这种现象被称为"契可尼效应"。比如，在考试中要答20道题，其中19道题你都完成得很好，但是有一题却非常的难，到考试终了都没有得到答案，你可能不会因为19道题答对了而开心，却会一直想着未完成的那一道题，有可能这一道题会被你记很久甚至一辈子；又好比很多女生平时逛街购物一样，去买衣服时试穿了很多件都没有合适的，好不容易遇到了很满意的衣服，却因为还剩这一件且码数跟自己不合，最终没有如愿入手，这件衣服也就成了心中"未完成的事情"，一直念念不忘。

在爱情中初恋是遇到的第一个爱的人，青涩而热烈，纯真而美好，不掺杂一点杂质，因为有这样一个人的存在，点亮了整个青春时光，经历了很多美好，并希望能跟对方天长地久，但是因为年轻气盛，因为种种矛盾，因为许多主客观因素，很多初恋却以失败告终，这段"未完成"的恋情，就成了内心的羁绊，特别是夜深人静时会在心中反复回忆这段经历，并想"如果当初没有分手……"

也有人怀念初恋是怀念美好时光中的自己，在一次聚会上朋友老张喝醉之后，独自默默地在角落里发呆，经询问后老张说他在参加聚会的路上，看到有一对情侣在路边摆摊，下雨了大风刮起两人慌张地收拾摊位，虽然狼狈但脸上却没有一丝埋怨，这使他想起了自己的初恋。在大学遇到了初恋依依，那个时候两人都是穷学生，课余时间两人一边兼职挣钱，一边周末寒暑假去外面旅游，说起是旅游但完全是穷游，由于身上钱不够，两人就住条件一般甚至比较差的宾馆，饿了有时候一碗泡面都可以解决午饭，虽然是穷游但玩得非常开心，心里很知足。毕业后两人相约到大城市打拼，租住在地下室，老张每月发工资后都会把工资交给依依保管，并且不会"奢侈"地去吃一顿火锅犒劳自己，他努力工作即使工作中遇到困难也从来没有想过放弃，因为不只为了自己，也希望能够给依依在这个城市有个家，但高昂的房价、一年一年重复不变的境地和家人的催婚，依依回了老家接受了家人安排的相亲，结婚。十年之后老张在这个城市创业成功，扎根下来也结婚生子，跟妻子感情也比较好，一家三口过着幸福的生活，在外人看来有着令人羡慕的家庭，可他心中却一直想着初恋，特别是今天看到摆摊的情侣，想起了曾经和依依在一起度过的艰难时期，虽然因为现实困难依依回了老家，但老张一点都不埋怨她，很感谢她能陪着自己度过了最艰难的时刻，不知道她现在过得好不好，但是这份牵挂和担心也只能藏在心底。青春记忆是人生中最美好的存在，

对于老张来说，初恋依依见证了自己青春时光和奋斗历程，他不仅是在怀念初恋，其实更多是怀念难忘的青春时光。

白月光与朱砂痣

上述讲到想起初恋，有些人留恋不已，有些人悔不当初，有些

人假设"如果当初没有分手……"这便有了"白月光与朱砂痣"的说法，张爱玲说："也许每个男子都有过这样的两个女人，至少两个。娶了红玫瑰，久而久之，红的变了墙上的一抹蚊子血，白的还是'床前明月光'；娶了白玫瑰，白的便是衣服上的一粒饭粘子，红的却是心口上的一颗朱砂痣。"不可否认也有跟初恋在一起恩爱如初过上幸福生活的，但也有许多人对得不到的东西总是千方百计求取，对于轻易到手的东西，又惯于喜新厌旧，就像歌曲里面唱的"得不到的永远在骚动，被偏爱的都有恃无恐……"

娶了白月光时间久了，就会觉得白月光成了白饭粒，就像《金粉世家》里金燕西和冷清秋的爱情故事一样，清秋在燕西心中就是白月光般的存在，清纯而美好，随之燕西展开了猛烈攻势，为了能够接近清秋租住在她家隔壁，并到清秋所在的女子学校担任老师……这些让情窦初开的清秋认为两人真心相爱，会有幸福的未来。两人举行了盛大的婚礼，可是时间一久新鲜期过后，燕西开始怀念单身的日子，结婚不久就和以前的狐朋狗友玩耍彻夜不归，两人性格不同、志向不一，婚前的白月光在婚后逐渐变成了白饭粒，婚前的清秋淡雅、安静，婚后在燕西眼中看来单调无趣，婚前清秋喜好诗词文章燕西为她建立诗社，婚后燕西却认为她假清高。两人嫌隙因此而产生，两人感情慢慢淡漠，开始分居，一场大火之后，清秋带着孩子离开，而燕西这才后悔不已，他总说："我对清秋的爱，从来没有变过"，可爱到底是什么也许燕西并没有弄明白。讲完清秋和燕西的恋爱故事后，有学生可能会对爱情比较悲观了，但其实这并不是我要表达的意思，我们总是会给初恋、白月光加上滤镜，放大他/她的优点，可是从爱情的六个发展阶段来说，爱情最终会进入稳定期、平淡期，也许能和白月光在一起，可最终还是要经历生活中的柴米油盐酱醋茶。

　　而一些人在失去白月光，看尽繁华后遇到了相守一生的人，可经过岁月的磨砺，却开始对视为纯洁白玫瑰的白月光开始向往，最终还是与朱砂痣分开。人是贪婪的，看不到自己有什么，却一直执着于自己没什么，却失去了身边的人。安安在高中同学聚会上，见到了分开多年的初恋，一别数年，几多感慨，两人在高三紧张的复习中偷偷恋爱了，相约着毕业后到同一座城市上大学，可事与愿违，一人去了千里之外的北方，而另一个则留在了本地，刚开始两人书信传情、海誓山盟，最终却抵不住时间和距离的阻碍，男友想留在北方的大城市生活，而自己却想依偎在父母身边，未来规划不一、双方都给不了对方朝夕相处的陪伴，在一次吵架后，安安一气之下提出了分手，而男友也没有挽留，虽然心中各有不舍两人却就此分手了，数年之后两人都有了各自的家庭，遇到生活不如意和伴侣吵架时，才想起初恋的好，后悔当初的任性，可都已有了家庭，也再也没有"如果……"这个可能，但是在这次同学会后，安安的心情就更加不能平静了，在她眼中现在的老公只适合过日子，踏实肯干，对孩子也上心，很疼爱自己很少让她洗衣做饭干家务，安安心里渴望有激情的生活，枯燥无味的婚姻早已让安安厌烦不已，同学聚会后安安再次联系了初恋男友，两人经常回忆以前在一起的时光，安安能够明显感到对方在分手后后悔了，当得知初恋男友最近正在闹离婚，安安心中也开始思虑起来，在前任和现任的对比和纠结之中，安安向丈夫提出了离婚，当安安不顾一切奔向前任时，才发现他不忍心让孩子心里受伤害，和妻子并没有离婚，当得知这一消息之后，安安顿时震惊了，为了能和初恋在一起，自己不惜伤害了孩子和并没有任何过错的丈夫，亲手毁掉了原本不幸福但起码稳定的婚姻，忍受了孩子的怨恨和亲人的不解，最终只得到前人的一句"对不起"。

也许像安安这样的经历，在现实中有很多，离开初恋，和"合适"的人组建了家庭，开启了新的生活，但不满足于现状，总是陷入对过往和对初恋的纠结中，无限放大初恋的美好，却忽视了身边的人，当这种情绪一旦被激发后，不仅伤害了两个人，两个家庭也再难恢复到往日的平静之中。

初恋让人难忘，但过去的事情毕竟已经过去了，人不能永远活在回忆和纠结之中，如果你会经常想起初恋，但不想因此而影响现在的生活时，我们可以试试以下一些方法来缓解"初恋情结"。

第一，不压抑情绪但需要在回忆和反思中总结成长

分手后经过曾经约会的地点、过生日、情人节、纪念日的时候就会不自觉地想起对方，即使已经有了新的恋人，这种思念情绪并没有消减，也许你内心会更加纠结，明白这样会有愧于现任，也知道想起初恋其实并不能再和对方复合，所以就会不自觉地压抑自己的情绪，可是有时越这样压抑自己，反而越会忘不了，就像认知心理学上"白熊效应"一样，假设你很想忘记你见过的一头白熊，于是就叮嘱自己说："忘掉这头白熊，忘记这头白熊。"可是结果呢？这样越说越忘不了白熊，反而记得更加深刻，所以有效的方法就是不压抑情绪，跟初恋分手后想起对方是很正常的现象，但是可以给自己设置一个固定的想念对方的时间，并且对这段恋情进行一个总结和反思，比如在情人节、纪念日等重要时刻，可以回想一下你们是如何给对方准备惊喜和礼物的？当时你给对方安排这些的时候，他是怎么看待的？通过这样的回忆，可以站在现在的角度和立场，看看当时的你们是什么样子的？经过这样的回忆和思考之后，可以进一步再思考一下："跟初恋相处的日子里，塑造了我怎样的爱情观？""我们分手是到底是因为什么，三观不合、外界阻力还是一时冲动？""这么多年过去了，我是否有什么变化和成长？""跟现任的相处中，我是否又复制了以前的恋爱模式？""在亲密关系中，我到底渴望得到的是什么，我能做什么，对方能够为我做到什么？"有人说，初恋的意义就是要让我们学会成长，教给我们恋爱经验，让我们变成最好的自己，所以想起初恋时不妨重新回忆和复盘，更加清晰地认识自己，掌握维系亲密关系的经验，获得成长。

第二，摘掉对初恋的"滤镜"

初恋就像是加了一层玫瑰色的滤镜，玫瑰色回忆的心理效应在"初恋情结"中发挥着重要影响，玫瑰色回忆就是说：当一个人在回忆过去发生的事情时，总会给往事添加一个美好的滤镜，令人伤心痛苦的回忆都被自动清理掉了，留下的只有像玫瑰花一样美好的，美丽的回忆了。而人们在回忆初恋时，就会忘记了两人在青涩岁月里的争吵、矛盾，最终闹分手的不愉快过往，只会觉得初恋对象是那么的完美，再将初恋对比一下目前的现任，就发现再也找不回当初的感觉，可是你有没有想过，其实初恋并没有你想象得那么完美，如果他那么完美当时为什么你们还会分手呢？在成年人的感情中，所有能离开的，无论是异地恋、父母反对、性格不合等等，这些理由，本质上就是不够爱，是对方身上有你接受不了的缺点、不完美点，所以不妨冷静深思一下，你怀念初恋到底是什么原因呢？你怀念初恋有可能是因为怀念过去的时光，怀念当时的自己，有可能是因为未完成情结的影响，也有可能是"格式塔心理（完形心理）"心态的影响，一段有始有终的初恋，在一个人心理上是个完美的图形，相反一段残缺不全的初恋让你念念不忘，是因为在你心中，这段感情是不完整的图形，而大多数人又是追求完整、圆满的，这种追求完整的心理其实就是完形主义（或格式塔主义），所以你对不完整的初恋的怀念，其实念念不忘的不是初恋，而是想要给初恋这段感情有一个结果。所以我们不妨卸下"玫瑰色"滤镜，认真思考自己到底是在思念什么，明白自己的本心。

第三，转移注意力

和初恋分开后会难过、消沉，但不要使这样的状况持续很久，如果想要排解这种情绪，可以尝试着转移一下注意力，比如发展新的兴趣爱好，化悲愤为力量从此努力学习，就像小军一样，在和初恋分手后，心情非常差，做什么都提不起兴趣，一想起初恋要跟自己分手时的场景，就觉得人生再无留恋之处，借酒消愁，在宿舍里整天不说话、旷课，什么都不想做，有一天在校园里看到了初恋身边站着一个男生，打听之后才知道对方是其他学院的一名学长，长相俊朗，成绩也非常的好，小军也终于明白初恋为什么要跟自己分手，想想自己上了大学以来，没有清晰未来职业规划，上课打游戏，课后打篮球，考试只追求过了就行，跟高中时候的自己相比，真是颓废了很多，即使初恋没有跟自己分手，毕业后自己又该怎么给她一个安稳的生活？想到这里，小军一下子就想通了，认为不能再这么浪费大学时光，从此小军就像变了个人一样，戒掉了游戏，课余时间就去图书馆学习，平时认真学习，考试前努力复习，成绩也开始越来越好，身边的朋友都说小军变了，突然励志起来了，而小军也逐渐通过学习和了解，坚定了未来要考层次更高学校的研究生……

所以，假如你现在还沉浸在与初恋分手的悲伤中，或者还对初恋念念不忘，却又不知道该做些什么时，不妨像小军那样，转移注意力，努力去做更有意义的事情，让自己变得更加优秀。

第四，不打扰就是最好的选择

很多人和初恋分开之后，会开启新的恋情，或者组建了家庭，在繁琐的生活中慢慢地忘记了对方，可是在某一次重逢或者偶然得到对方联系方式后，内心又会泛起一些涟漪，特别是在了解初恋过得不好，或者初恋向自己求助时，内心就会开始摇摆不定，其实最好的做法就是跟初恋保持距离，不打扰是对自己、对他／她、对现在的恋人最好的尊重。若彼此都已经有了新的恋情，就要勇于承担起对对方的责任，即使曾经两人的爱情刻骨铭心，但是该放下的就要慢慢放下，让彼此心里留下过往的那些美好就足够了，即使再相见，发自内心地说声祝福，就已经足够了，不要让过往的感情影响了现在的生活。

第五，活在当下珍惜眼前人

现实中存在这样一种现象，有一些人由于"未完成情结"的影响，使他总是在找和初恋一样的对象，就像《甄嬛传》中皇帝总是在找纯元皇后的替代品一样，可是"莞莞类卿"这种替身文学也造成了很多悲剧，比如当甄嬛知道自己只是个替代品时，多年与四郎相处的美好时光和满心喜爱，终究都是错付了，哀莫大于心死，心中充满失望和悲愤，即使皇帝做了挽留，甄嬛却依旧坚决地请求出宫修行，甄嬛出宫后，皇帝一反常态地保留了甄嬛所有的东西，但凡她穿过的、用过的，都原封不动地封在了碎玉轩，并睹物思人怀念甄嬛，而且几乎怀念的都是她的好，忽略了她的那些变化与算计……很多人总是心存："失去的才是最好的"，认为眼前的永远不够好，就算身边有了现任，可总是沉浸在对前任/初恋的思念中，忽视了现任的好，甚至拿现任的缺点和初恋的光环进行比较，这样更加加深了对现任的不满和犹豫，可是这样活在过去，对现任忽冷忽热不满意或摇摆不定踌躇不前的纠结思绪，却深深地伤害了现任，即使现任可能是最适合自己的人，但也无法深切体会和感悟，等到现任再次离去之后又开始捶胸顿足，后悔不已。

所以，当你正沉浸在对初恋的无限思念时，不妨放下心中的执念，跟曾经青涩懵懂、年少无知的感情经历告别，将往事留在风中，懂得知足，珍惜眼前人，努力经营好现在的恋情和婚姻，不要再让真正爱你、适合你的人失望，因为有些人一旦错过就不会再回来，不能重蹈覆辙给自己再留下新的遗憾和悔恨，过好现在的生活才是真，总有一天你会发现，随着生活朝着越来越幸福的方向发展，你就会很少再去翻那些尘封已久的记忆，彻底放下了初恋。

初恋是美好的，但这份美好只存在于曾经，祝愿每个人都能珍惜和拥有当下美好的幸福。

第八节 ————
爱情，越反对越难分

　　有一段时间"王宝钏挖野菜"一词火爆全网，这个梗来自电视剧《薛平贵与王宝钏》，故事主人公王宝钏是娇生惯养的宰相千金，因身为乞丐的薛平贵救了她一次，就深深地爱上了薛平贵，不顾父亲反对，下嫁乞丐薛平贵为妻，与父亲"三击掌"断绝关系。后来薛平贵去打仗，而王宝钏独守寒窑18年，只能靠挖野菜果腹，日子过得非常难，而薛平贵成了西凉的王，还娶了西凉公主为妻，有了可爱的孩子，一家人生活得非常幸福，18年后的一天，薛平贵突然想起家中还有妻子王宝钏在等着自己，于是回家去接王宝钏，两人阔别多年，王宝钏已经不认得薛平贵，一个是西凉王，一个是孤苦的村妇，最终王宝钏经过薛平贵的"忠贞测试"，跟随薛平贵回西凉国当了王后，但短短18天之后，王宝钏去世，过完了一生。而王宝钏也被人们称为"恋爱脑"，为了薛平贵，不惜抛弃原生家庭，与父亲断绝父女关系，飞蛾扑火般地奔赴爱情，即使中间日子过得清苦，母亲去看望、劝说都不动摇。那除了恋爱脑之外，为什么在爱情中父母或者其他人越反对，却越难分？

　　除了王宝钏的故事之外，莎士比亚名剧《罗密欧与朱丽叶》中，罗密欧和朱丽叶非常相爱，但两家是世仇，两人的爱情得不到家人的认可，双方家长百般阻挠，可他们的感情并没有因此而减弱丝毫，反而更加相爱，最终双双殉情而死。对照中国传统爱情故事《梁山伯与祝英台》则是同样的剧情和结果，在现实中也经常会有这样的案例，尤其是对于热恋期的恋人来说，还沉浸在爱的激动和甜蜜之中，对于身边的一切不管不顾，这个时候，父母／老师越反对，想要"棒打鸳鸯"，事情则会越搅越热。以前在一所高中就发生过这样的故事：熙然是家中独生女，母亲是教师，从小对熙然管教甚严，也倾注了很多心血希望她未来能考上重点大学，所以熙然从小懂事听话，可是内心却并不认可母亲的教育方式和期待，高二时熙然与班上一名男生小民互生好感。有一天母亲无意间在熙然抽屉里发现了小民给女儿写的表白情书，大惊失色，不容女儿解释就给她扣上了"早恋"的帽子，勒令熙然与小民断绝来往，原本熙然因为高中学习压力大，以并不想影响两人学习为由，打算委婉拒绝小民，可母亲私自打开自己抽屉、翻看个人隐私，不听自己的辩解就强迫自己，认为母亲强势干涉自己的决定，就和母亲大吵了一架，想起从小母亲对自己的"操控"和"强迫"，熙然越想越愤懑，就不顾母亲反对，同意了小民的表白，两人明目张胆地在一起，母亲知道后则采取了更加粗暴的方式，试图阻断两人：告知小民父母、恶意批评侮辱、专程接送熙然上下学，并与学校班主任反馈，"监控"着孩子在校的一切表现，可这样的举动并没有让两人畏惧，反而行为举止更加大胆，逐渐地在学校也没有心思认真学习，最终两人考试成绩连续下降，为了逃离双方家长的"监视"，两人选择离开所在的城市私奔出走，后来两人带着仅有的钱到西南一个偏僻的城市住下，不久后熙然怀孕了，肚子一天天越来越大，两人没有生存技能，生活费也花得剩不下多少，而此时小民也没有做好当父亲的准备，两人都为冲动的行为而后悔，最后熙然拨打了母亲的手机，踏上了返家的路……经过多年之后我听说熙然回家后没有留下这个孩子，没有继续回高中上学，也没有跟小民继续在一起，至于她最终去干什么，很少有人知道，就像整个人都消失了一样，这个故事让人唏嘘不已，父母的良好愿望和期待并没有如愿以偿，反而适得其反，原本熙然和小民成绩还算优异，努力复习考上重点大学兴许会是另一种结局，可人生没有后悔药，也无法重新来过。

为什么会出现，父母越反对就越相爱的现象呢？

第一，逆反心理，为了获取对自己行为的控制权。

几乎每个人都认为对自己的行为具有控制权，不希望别人过多地干涉甚至控制自己，当感受到被人支配、行为受限时，就会有不舒服的感觉，通过对抗或者做出和对方期待相反的行为，来表达自己的不满和反抗，获取对自身行为的控制权。其实不仅是一个心智逐渐成熟的成年人，幼儿在两三岁时就开始"不听话了"，这个时期孩子开始有独立自主的想法，不受外界干预和支配，经常会和父母顶嘴、说反话、发脾气，进入了让父母头疼的"宝宝叛逆期"，由此可见两三岁小孩都不愿意被人支配，更不要说还是青春叛逆期，更加有自己的想法，这个时期很多小孩纯粹是为了"对抗父母"，"对着干"，"越不让干什么，就越要干什么"，因此，当恋爱双方被强迫做出某种选择时，内心就会产生抗拒心理，这种逆反心理促使其做出相反的选择，"抱团取暖"，甚至会因为父母反对，增加了对自己所作选择的喜欢程度，就像前面熙然的例子一样，本没有打算跟小民在一起，为了对抗母亲，没有考虑后果就跟小民在一起，导致最终事态愈演愈烈，超出了自己的应对能力，酿成了"苦果"。

第二，缺乏生活阅历被爱情冲昏了头脑

爱情让人盲目，很多年轻人特别是青年学生，缺乏生活阅历，没有经历生存的困难，在有些人心中"恋爱大于天"，沉浸在爱情的甜蜜和喜悦中，以为只要能跟对方在一起，无论前面是刀山火海也要往下跳，就像王宝钏一样，没有考虑到后面会有什么样的困难和挫折，可是父母考虑得则更多一些，特别是女方的父母，他们希望孩子能生活得很好，没有生存的压力，虽然现在是一个恋爱自由的时代，但是到了双方谈婚论嫁时，学历、长相、年龄、彩礼、房子、车子、婚礼等等，都会成为两个家庭考虑和讨论的内容，所以当父母考虑对方能不能跟孩子幸福安稳生活时，孩子却只沉浸在爱情中，双方不同的立场，就会有不一样的考虑。

第三，越是得不到心理价值越大

心理学家研究发现，越是难以得到的东西，在人们心目中的地位越高，价值越大，对人越是有吸引力；轻易得到的东西或者已经得到的东西，其价值就往往越会被人所忽视。当来自外界的压力迫使人选择自己的恋人时，遭到的阻力越多，越难在一起，则就越珍惜，越反抗，增加了对恋人的喜欢程度，有时父母或者外界越不关注，干预减少，冷处理，自己和对方在一起后，逐渐发现两人不合

适，才知道自己选择的并不一定是合适的，这个时候就算家人不反对，自己也会选择放弃。

也有人会问：父母反对的爱情，后来都怎样了？

回答这个问题之前我们需要明白，父母反对的，从来不是你跟某某某在一起，而是担心你未来过得好不好，他们都希望孩子能遇到良人，幸福地过一生。

网上有一句话说：父母选的人，你可以不嫁，但父母反对的人，你一定不要嫁，这句话其实听起来比较绝对，但是结合很多女孩的经历来说，现实有时候很让人扎心。女孩梅梅大专毕业后，独自离家到南方的工厂里面打工，她认识了大伟，大伟很会哄梅梅开心，经常在下班后接梅梅，并在一些节日里送花，制造惊喜，两人很快进入热恋，经过一年的相处后到了谈婚论嫁的阶段，梅梅怀揣不安之心告诉了父母想和大伟结婚，在预料之中父母都坚决反对，原来大伟和梅梅一个家在北方，一个在南方，两人生活饮食习惯、风俗人情不一样，除了远嫁之外，父母认为梅梅并没有了解大伟的家庭条件和成员情况，两家父母也没有见过面就要讨论结婚，一切都还不到时候，并且为了防止梅梅继续跟大伟在一起，父母强烈要求梅梅回到北方老家工作，断绝和大伟的关系，可是沉浸在恋爱中的梅梅拒绝回家，并表示一定要和大伟结婚，不然就再也不结婚嫁人了，不久梅梅和大伟两人同居，梅梅怀孕了，听到这个消息之后，父母很生气，但由于新生命的到来，梅梅更加坚定了，最终父母拗不过她，两人结婚了，刚结婚两人相处还好，可等孩子坐月子回到大伟老家，矛盾逐渐就凸显出来了，大伟家条件一般，房子是农村的砖瓦架构，一大家子人挤在一起生活，由于语言不通、饮食习惯不一样，梅梅除了大伟之外无法和其他人交流，饭菜也不合胃口，为了养家，大伟后来到了城市里继续工作，独自留梅梅一人在老家，梅梅一个人带孩子，这时才理解父母当初反对的原因，离开父母远嫁他乡的女孩没有归属感和依靠感，但是为了证明自己的选择是正确的，即使遇到困难，梅梅也很少跟父母倾诉，可由于和大伟不在一起生活，梅梅不能体谅大伟在外面上班的辛苦，经常抱怨他不管自己和孩子，而大伟认为梅梅总是在抱怨和嫌弃自己父母，两人矛盾越来越多，在很多次争吵之后，两人提出了离婚，梅梅一个人带着才几个月的孩子回到了父母身边。

但是也不是所有父母反对的爱情和婚姻都以失败告终，小森和珊珊就是个例子，珊珊家境优越，从小被父母呵护着长大，而小森家境一般，两人在毕业后留在了一线城市发展，也约定未来要努力打拼，在这座城市里安居，当珊珊将小森介绍给父母后，父母担忧从小没有吃过苦的珊珊未来会过得很辛苦，反对两人在一起，小森了解珊珊父母的担忧后，主动跟珊珊父母联系，坦言现在确实没有能力给珊珊稳定的生活条件，但一定会加倍努力工作，目前他研发的游戏软件得到了公司的认可，未来肯定会更好，并向珊珊父母介绍了未来的相关打算，希望他们能给自己一个机会，无论什么时候都会珍惜和珊珊的感情，绝不会让她受委屈……珊珊父母被小森的真诚和努力打动，为了激励和考验小森，便给了他一个期限来证明自己，见珊珊父母并没有像一开始那么反对了，小森更加开心，也珍惜这样的机会，努力工作，事业越来越好，对珊珊更加疼爱，小森做的一切珊珊父母都看在眼里，并同意两人结婚，最终两人过上了幸福美满的生活。

所以不管父母反对与否，最重要的是要选对人。

假如你正在经历一段不被父母认可和祝福的感情时，你会选择抗争还是放弃，如果你不知道该怎么做正在痛苦纠结时，不妨试试以下几个方法：

1. 客观冷静思考

当父母反对时，先放下逆反心理，认真冷静地去想想，你真的很了解他吗，他到底是一个什么样的人，对方的原生家庭、兴趣爱好你是否都很清楚，你是非对方不可还只是一时兴起，对方值得你跟家庭对抗甚至不惜与父母断绝关系吗？热恋的时候你看到的对方都是好的，可恋爱的激情淡去之后，你们能不能还心仪彼此，这些都是要考虑的内容，千万不能感情用事吗？一意孤行，父母是过来人，经历的事和见过的人都比你多，他们考虑的方面也比较全，看人也相对更准一些，比如父母以你们学历差距比较大而反对，你看到的是父母看不起对方，可父母考虑的是造成他学历低的原因，是家庭困难上不起学，还是他没有上进心，不爱读书，你们学历差距比较大，未来会不会没有共同语言，进而导致最终分开……所以需要冷静思考，找准父母反对的根本原因，想想自己是否能够有效处理父母考虑的那些困难。

2. 积极有效沟通

思考过后，就需要心平气和地与父母进行沟通，在爱情中我们需要考虑父母的意见，但不是完全听从于父母，因为对我们人生负责的终究是我们自己，而不是别人，但是我们可以跟父母有效地沟通，避免正面冲突，比如你可以告诉他们你想跟对方在一起的原因，你们两个目前真实的感情状态，交流对方在你眼中的优缺点、在父母眼中的优缺点，如果感情延续下去需要解决的问题，以及你们打算为此做出的努力……这样就会让父母了解到，你对这段感情不是一时兴起，而是认真思考之后的结果，但如果父母给你指出了对方很致命的问题时，就需要重新审视两人的关系。

3. 迂回应对设置期限考验爱情

很多情侣遇到父母反对时，第一反应就是激烈地和父母正面抗争，但这样并不能有效解决分歧，会伤害和父母之间的关系，甚至会增加父母对伴侣的憎恶，他们会认为你目前的不理智和倔强，都是因为交了不合适的对象，会更加反对你们在一起。如果经过解释沟通之后，父母还是很反对，那就可以试试迂回战术，这种办法并不是让你去冷处理，而是以退为进，避免跟父母正面冲突给双方一个冷静思考的机会，比如你可以告诉父母，你和他并没有立马打算结婚，只是想让父母先了解对方，听听父母的意见，这总比一上来就说："今生非对方不可，你们看着办吧"要合适得多，如果你的父母因为他跟你不合适或者由于一些外在的条件不相匹配而反对，你不妨和父母设定一个考验伴侣的期限，这样你既可以更加充分地了解对方，检验你们之间的爱情是否经得起时间的考验，也可以让父母先接触了解伴侣，也许可以减轻父母对伴侣的刻板印象，同意你们在一起，也许你也会经过更加深入了解之后，发现父母反对的原因是正确的，对方是真的不合适，避免父母反对而自己一时冲动就跟对方走进婚姻关系后，过着一地鸡毛的生活，后悔为什么当初没有听他们的意见。

4. 努力减少父母的损失心理

前面讲到父母反对情侣在一起，特别是女孩子，会担心对方不能给女儿好的生活，也比较担心孩子有了对象之后，离家远，与父母之间的联系减少，产生损失心理，这种失去感会让他们对男孩产生天然的敌意，如果是这样，你就需要跟父母经常讲，你和男朋友在一起，不会吃苦，更不会离开父母，反而让他们多了一个"儿子"，减少他们的损失心理，而你的男朋友也需要做出努力，比如制定详细的未来计划，目前具体做了哪些准备和努力，这样能够让父母知道他的诚意，看到你们在一起是幸福的，父母也就逐渐放心了。

─────── 第九节
原生家庭影响你的爱情吗？

有人说："原生家庭是一个人逃不开的魔咒，跨不过的鸿沟。"

有人说："幸福的家庭是相似的，不幸的家庭各有各的不幸，不幸的人需要用一生治愈童年。"

美国"家庭治疗大师"萨提亚说："一个人和他的原生家庭有着千丝万缕的联系，而这种联系可能影响他的一生。"

原生家庭指自己出生和成长的家庭，它塑造人的个性，影响人的成长、价值观养成、人际关系维护、培养管理情绪的能力，为个人成长后人际互动的模式定型。人在原生家庭里形成的情感习惯和思维模式叫作"原生情结"，这种原生情结对待问题和处理事情的角度都会受到一定的影响，而成年后谈恋爱时，总是不自觉地看上某种特定类型的对象。

比如，从小生活在"母亲强势、父亲懦弱"的家庭里，孩子的性格也会变得比较强势，在关系里特别想要占据主导权，让伴侣服从自己，因为他们只看过这一种相处模式，在他们看来即使知道太强势不好，但总会让自己感到安全感，于是他就会强势地让伴侣听自己的。所以我们有时候会看到，一些女孩子在感情中复制了母亲的强势，会选择性格比较温和甚至懦弱的男生，如果伴侣不像父亲那样妥协，就会奋起反抗，两人感情就会变得越来越差，这种父母相处模式下成长的男孩子，则一般不会选择像母亲那样强势的女孩，而是选择性格温和的女生，因为他知道，如果对象比较强势，自己的爱情中就会复制父母那样的沟通模式。

如果从小有留守经历或者寄养在亲戚家中的孩子，由于父母比较忙，很少关爱自己，这类学生则会表现出焦虑的特质，总是担心伴侣离开自己，每当伴侣不回应、不理自己就觉得天就要塌了一样，内心很恐慌。小瑞和男友的相处模式就是这样，在小瑞小时候，为了养活家庭父母去了南方城市打工，小瑞从小和爷爷奶奶一起生活，每年寒暑假自己就像一个小"候鸟"一样，去和父母短暂地相聚，每次离开父母时都非常痛苦，从小看到别的小朋友身边有爸爸妈妈疼爱就非常羡慕，受了委屈不敢跟爷爷奶奶说，所以从小小瑞就变得比较敏感、缺乏安全感，上了大学后，小瑞遇到了男朋友小林，小林性格温和，对小瑞关怀备至，从小林身上，小瑞得到了从小缺失的关爱，她非常依赖小林，但总是担心如果小林有一天不喜欢自己、不理她了该怎么办，所以总是会没事儿的时候打电话问小林在干什么，如果小林没有及时回复消息和电话，就会换来"追命连环CALL"，可这种关系却让小林感到非常窒息，非常累，没有了自己的空间，但是又担心让小瑞更加疯狂，想要牢牢地抓紧自己。其实小瑞患得患失、害怕对方离开自己的行为和思绪，也让她也很难过、很累。最终两人都很累，因为小林时刻要照顾她的情绪，像个孩子一样忍让、呵护她，要让她一直处于安全感中，可时间一长，小林就会很疲惫，最终因为心累而选择离开。

假如成长的过程中，母亲总是很敏感，把婚姻中的不幸遭遇和不满情绪发泄在孩子身上，比如经常对孩子说："如果不是因为你，我早就跟你爸爸离婚了……""如果不是为了你，我也不会这样……"这样的指责和埋怨，会在孩子心里慢慢地扎下一根刺，长大后性格会比较敏感，经常发脾气，内心充满无力感，认为自己不应该存在，经常会感到愤怒，遇到事情和冲突不知道怎么去控制情绪，他们特别缺乏安全感和认可，很需要别人的爱，却因脾气、情绪不断地把情侣往外推，最终两人分道扬镳。

还有一些孩子在严厉的家庭长大，父母抱有很高的期待，对于他们来说表扬、肯定、欣赏、鼓励从来都是奢侈的东西，就像玉玉一样，无论玉玉从小多么努力、多么争气、多么优秀，妈妈从来都没有表扬过她，一次英语模拟考试，满分100，玉玉考了98分，班上成绩第一，玉玉高高兴兴地将试卷拿回家，换来的不是妈妈的表扬，而是妈妈一脸冷漠地说："才98分，为什么不是满分啊"，当时玉玉备受打击，高中时玉玉如母亲所愿进了重点中学，结果母亲夸邻居家考上一般高中的女孩优秀，都不愿意夸奖和表扬自己，很多年玉玉都在无意识地希望得到母亲的认可，可是都没有得到回应。其实每个孩子都是希望被人看到，被人表扬，可父母的高要求、高期待，为了避免孩子骄傲自满总是吝啬表扬，永远都是在指出不足、提出建议和表示不满，这样会让孩子体会不到关爱，也逐渐地认为自己只有得到对方肯定的时候，才是有价值的，所以在亲密关系里，他们不会表达自己的感情，也习惯了对方不表达。当对方否定、批评、不认可自己的时候，就会唤起小时候被父母忽略的创伤。父母的忽视和高要求，会让孩子觉得无价值感，否定自己，假如遇到一个对待自己非常好的人时，也会感到不适，总是觉得自己好像有一种"不配得感"，认为自己不配拥有这么好的感情，即使得到了，也不会天长地久，总觉得有一天这些美好都会离自己而去。

　　也有一些孩子生活在父母争吵甚至暴力对抗中，特别是父母最终离异，他们对爱情和婚姻是恐惧、逃避的，认为爱情和婚姻会带来痛苦，即使曾经那么深爱，最终都会走向失败，这样的婚恋观念深深影响着自己能否和他人建立良性的两性关系。小雅有一个恋爱长跑 5 年的男朋友，男生对她很好，生活中也处处很关照，能够在意她的情绪，在最近过情人节的时候，男友向小雅求婚了，男友觉得两人已经磨合了很久，这段感情也水到渠成地该步入下一个阶段，组建家庭、生儿育女，可小雅却犹豫了。原来小雅的爸爸在她高三的时候，出轨了一个女同事，当时妈妈为了不影响小雅参加高考，一直隐忍不发，可每天都是以泪洗面，最终小雅考上大学后就跟爸爸离婚，当时双方因为这件事情闹得非常不愉快，从此在小雅的认知里，男人都是不可靠的，特别是在结婚后，她内心也渴望婚姻，不愿意错过男友，可她总是担心男友以后也会像爸爸那样，对婚姻、家人不忠诚、不负责任，因此迷茫而纠结，在要不要和男友结婚这件事上一直摇摆不定。

　　可是"原生家庭"这个词，有时候变成了一些人逃避问题、推卸责任的"挡箭牌"，在亲密关系中遇到问题，不是抱有积极面对的心态，不是想着如何来解决问题，而是揣着一种摆烂的意味，认为搞砸关系、发生矛盾不全是因为自己，而是原生家庭潜移默化后的影响，"原生家庭"对一个人产生着重大的影响，但"原生家庭"也不应该成为我们在亲密关系中处理问题时"摆烂"的借口。

"永远别用原生家庭，做不幸人生的遮羞布"，原生家庭不该成为所有错误的借口，我们无法选择自己的出身，无法选择自己的父母和家庭环境，但我们可以改变自己，改变不幸的原生家庭对婚恋的影响。

第一，理性思考，重新审视原生家庭，我们可以先去回顾和反思自己的成长过程，了解原生家庭的依恋模式对你产生了什么样的影响？它是如何影响你的？回想你父母的相处模式，是恩爱模式、相爱相杀式还是互不搭理、吵架、冲突不断，父母这种相处模式，对你目前的认知和感情模式产生了什么样的影响？通过将这些问题和现实感情中出现的问题进行链接，去更加深刻地认识了解自己，明白自己的依恋类型和处理矛盾冲突的方式，只有了解了问题的源头，我们才可以正面、客观看待目前所处的恋爱状况，尽量避免将原生家庭中不良的沟通模式，复制到自己的亲密关系中。

第二，寻找"爱"的平衡点，不要总是带着一堆过去的伤痛和悲观看法，一味地在感情中不断索取或者付出，因为原生家庭的影响，有些内心极度"缺爱"的人，会因为情感长期得不到满足，出现两个极端行为：认为自己值得被爱，不断为爱索取；认为自己配不上对方，不断为爱付出。在恋爱中不幻想会有那样一个人是完美无缺的，没有一个人能够满足你对理想伴侣特质的所有遐想，适当降低自己的期待，明白每个人都是有优缺点的，认清自己的情感需求到底是什么，比如你想要一个上进、事业有成的恋人（物质需求＞陪伴需求），那他可能会为了奋斗事业，而忽略对你的陪伴，如果你想要一个提供情绪价值的人（陪伴需求＞物质需求），那么他可能不会在事业方面特别出色，给你提供的物质基础就相对比较弱一点……

第三，不断提升自己，破除原生家庭留下的印记。原生家庭可能会在自己身上留下一些烙印，可我们要有意识地去直面这些问题，在成长的过程中不断地鼓励和肯定自己，给自己打气，心理上暗示自己"我很棒，我也是值得被爱的"，努力去关心和爱护自己，接纳、悦纳自己，不断地提升自信心，积极主动和周围人建立联系，打破身上原有的刻板印象，努力在生活、学习、工作中提升自己，使自己足够强大，实现经济上和精神上的独立和自由，成为真正独立的个体，自己足够强大，遭遇的事情，不管是好的坏的，都能自己解决。

第四，学习借鉴他人的幸福。我们可以多寻找身边值得信任的好朋友，或者长辈，向他们学习恋爱、婚姻相处之道，然后结合自身情况，努力勇敢寻找属于自己的幸福，你的原生家庭不幸福，但并不代表你未来也不会幸福，也要相信只经历一次恋爱就能成功找到合适恋人的爱情非常难得，不要害怕尝试，也不要担忧会失败。

在爱情里根本没有所谓"确定"的标准答案，也不要过分纠结原生家庭带来的影响如何，勇敢地迈出去，因为每个人都值得被爱，你也一样！

初次约会如何巧妙展示魅力？

　　很多同学跟异性第一次约会，经常会遇到一种情况，那就是两个人见了一面就没下文了，这个问题明显症结在于"第一印象"，也就是说，第一印象没有营造好，所以给不了对方好感，难以让恋爱关系继续发展下去。因为第一印象一旦形成，就很难再改变，当男女初次见面，会对对方是什么样的一个人做出基本判断，这是人类自我保护的先天习惯，因为人必须在极短的时间内，对新的环境和陌生人都要做一个迅速的评估，以确保自身的利益符合性，也就是说，一旦一个异性在第一面的评估中，发现你不符合他的可接受类型，那么他就不会选择跟你继续发展下去。这其实就是一种非常常见的心理现象——首因效应，所以在喜欢的异性面前，塑造一个美好的第一印象，这点尤为重要。

　　我曾经和一些学生谈话中提问到"初次约会中，对方的哪些特性会让你中意呢"答案依次是：颜值、乐观积极、有趣的灵魂、谈吐得体、真实……这一答案，普遍地和"容貌、身材、妆发、学历、年龄"等等让人产生焦虑的关注点有所差异。

许多人为了给心仪的对象留下美好的第一印象，在初次见面中尽力展示自己，却起到了相反的作用，让初次约会变得很尴尬甚至没了"音讯"，可可就遇到了这样的事情，可可经宿舍朋友介绍认识了小奇，两人在微信上聊得很开心，也有芳心暗许的感觉，于是两人在周末约着第一次见面，约会之后男生就对可可爱答不理，可可是第一次和男生出去吃饭，很疑惑为什么这次约会之后，小杨再也没有联系过自己，那让我们看看约会当天都发生了什么吧！

"可可，我们也认识有一段时间了，见个面吧。我怎么都方便，不如……你定时间地点？"

可可一听很开心："好啊好啊，我最喜欢吃火锅了，要不咱俩一起去吧？再看个电影。"

小杨有点犹豫，但还是同意了。

首次约会必须重视，平时自己的衣服都太随意了、学生气了，约会前几天可可就和小姐妹们一起去买了许多略显成熟的衣服，在打扮了两个小时后，两人一起去吃了火锅，并按照计划看了电影。

看完电影之后，两人比较开心，一聊天可可的话匣子就停不下来，滔滔不绝，从自己喜欢的电影、电视剧、明星，再聊到自己喜欢的美食等等。

整场聊天可可都非常开心，但是小杨却一句话都插不上。

这次约会之后，可可觉得非常开心，但小杨却没有联系过可可，可可主动联系小杨，但都被"学业重、功课忙、和哥们儿一起出去玩"等原因拒绝。

可可不知道为什么小杨不再像以前那么热情，逐渐地回绝了自己。其实可可在初次见面时确定约会场地、穿衣打扮等等方面都"踩了雷点"，其实初次约会给对方营造比较好的印象、巧妙地展示个人魅力并不难，掌握其中的小技巧，会让初次约会变成爱情的升温剂。

约会地点的选择尤为重要，需要好好规划，像可可那样在确定约会场地时并没有提前和小杨商量，就定了火锅店，虽然小杨一开始是想拒绝，但估计是可可喜欢，并没有说什么，但是大家想想：花了两个多小时的妆容，吃个火锅会变成什么样子？妆花了，泛着油光；头发上、衣服上，全都是火锅的味道；而且也不是所有人都喜欢吃辣。另外吃火锅的地方，一般比较吵闹，第一次见面，边吃饭边聊天增进感情，才是主要目的。

安静舒适的场所是首选的约会地点，咖啡厅、中餐厅或者经济条件允许有情调的西餐厅都是不错的选择，这些安静的地方，不管是聊天还是安静地享受美食都可以，吃过饭后可以到附近的公园、电影院、博物馆等地点，也帮助情侣们开启了后半段的约会。

有人说"这真是看脸的世界"，德国有一项研究发现人们大约只需 0.3 秒，就能判断对方是否具备做伴侣的潜质。换句话说，一眨眼的工夫，你们俩就可能一见钟情；也是一眨眼的工夫，你可能就被默默拉入黑名单。我不太认同"颜值即正义""干啥都看脸"，但人们常说"始于颜值、陷于才华、终于人品"，最终我们会爱上一个人的内涵，但这个人的外貌，是深入理解内涵的敲门砖。因此，初次约会我们需要注重衣着外表，衣服及鞋子干净整洁，女生可适当地化淡妆，穿着得体的衣服，男生则刮刮胡子、衣服干净利索，这样第一印象会加分不少。

根据许多访谈和大量问卷得知，女生最受不了男生的什么地方？普遍的回答是："穿得像中学生"，或"不够干净整洁"，如果想提升外在吸引力，则需要与年龄、身份相匹配，并表现得能够把自己照顾得很好。

女生在首次约会中，恰到好处的妆容即可，但在穿着上也存在一些禁忌，比如切忌衣着暴露，像迷你裙、热裤、超短裙或是低胸装，这些都会给对方留下轻浮、开放的印象，所以选择一些大方得体的衣着，是最佳的选择。另外要记住第一次约会需要展露的是自己的性格与优点，穿着不应该太隆重，对第一次约会的许多学生来说，要知道不同的场合搭配不一样的服装，正常的吃饭则不需要打扮得太过隆重，可能会给对方带来压力，大方得体即可，除非约会地点是在一些聚会之上，大多场合下尽量不化浓妆，淡妆是最合适的，给人清爽、自然、淡雅的感觉。

首次约会还需要大方得体的举止，言语谈吐上讲话一定要看着对方，音量不能太低也不能太高，咬字清晰，注意礼貌，多说谢谢，多问一下对方的意见，音量要保证对方听得清楚，讲话要多留一些悬念，可以多加一些，"你猜后面怎么了""你怎么看""要是你你会怎么做""你感兴趣的话，以后我慢慢讲给你""这个我不能跟你说"等，注意语气，不能传递出很消极的情绪，比如"唉"。在行为举止上，站有站相坐有坐相，不要随意靠、随意躺，抬头挺胸，不要驼着背，"葛优躺"。公交地铁，如果没有座位，那就手握栏杆站直了；要是有座位，要坐直了，可以适当依靠后背，但是不要"葛优躺"。遇到老弱病残孕注意让座。路上遇到垃圾可以随手捡一下，遇到倒了的自行车可以扶起来，这些都可能成为加分项，给对方留下深刻的印象。男生如果喜欢女生，也要控制自己，避免太多的身体接触，毕竟是第一次约会，小心给对方留下一个轻浮的坏印象，这样可能你的形象在对方心中很难纠正过来。

　　第一次约会最怕的就是"空气突然变得安静"，第一次约会的重点，就是要拉近两个人的距离，很多人第一次约会的时候，都急于表现自己，就一股脑儿地说自己的事情，殊不知对方一句话都插不上，气氛也会相对尴尬。那我们要了解对方，则需要准备两个人都比较感兴趣的话题。如果实在不知道聊什么的时候，我们不妨试试以下几个话题。聊聊兴趣爱好，可以问问对方平时有什么兴趣爱好，从对方的回答中挖掘信息点，从而建立起两个人的共通点，找到了共同爱好和兴趣，接下来的聊天话题则不用发愁了；家乡的风土人情也是一个非常不错的聊天话题，"家"总能给人带来温暖和柔情，可以和对方聊聊家乡的风俗习惯、方言、美景，增加彼此之间的了解，热爱家乡的人总能给人一种稳重、靠谱、深情的印象；童年趣事、童年生活对每个人来说都非常向往和怀念，而且童年本身就是一个既轻松、有趣、又能增进感情的话题，可以和对方聊聊彼此的童年梦想、趣事、糗事，畅享童年、回忆童年；与对方聊聊自己目前的学习、生活状况，谈谈未来的工作规划和目标，通过这些话题可以展示自己的上进心，获得对方的信任感；如果实在找不到聊天的切入口，则可以试着谈谈美食及旅游，大部分女孩子对美食和旅游有非常大的兴趣度，这个话题可以轻松活跃约会气氛，当这个话题勾起双方兴趣的时候，则容易打开话匣子，也就可以自然邀约对方去体验这些旅游景点、美食美景，顺其自然地敲定了下次约会。

　　俗话说：话不投机半句多，首次约会聊天也存在一些禁忌，让我们一起看看吧！

　　首次约会讨论彼此的家庭背景就不是一个很好的话题，如果是第一次约会，就直奔主题像查户口一样要摸清楚对方的家庭背景、父母工作、家庭收入等等，这会被认为是很无理的一种举动，显得比较现实、俗气，第一次约会尽量避开关于收入、家庭状况相关的话题。

切忌讨论个人的情史，第一次约会，如果向对方炫耀你过去的情史有多么丰富，这肯定会让女生觉得你这个人太轻佻，不值得信任。而若是你一味地打听对方过去的情史，则会令对方感到非常的不耐烦，因为你们彼此之间都还没有熟悉到那个程度，你就这样大咧咧地问对方的过去有多少段恋爱，这真的是让人都懒得跟你继续沟通下去。所以，一定要切记，不要探讨这一类话题。

不要在初次约会的时候就向对方大倒苦水，人们大都喜欢比较正能量的人，不喜欢负面情绪爆棚的人。如果对方问起你的一些伤心事，稍微解释一下就好了，不要话匣子打开了就收不回来，没完没了地倒苦水。对方是你的男朋友，不是你的"垃圾桶"。有心酸愤怒的事情，可以以后慢慢再说，不要在这个时候给对方留下不好的印象。

—— 第十一节
他为什么不懂我

"你不懂我，我也不懂你"，这大概是恋人们的常态。

某婚恋网站做过这样一个统计，情侣之间分手的原因中，性格不合、情侣出轨、对方不懂我成为三大分手主因，其中抱怨男／女友不懂自己占到了 36.6% 以上。经历过恋爱的人都能体会到一件事情，就是希望伴侣疼爱自己、懂得体谅自己，但很多人遭遇的问题就是，对方并不能以最快的速度来回应自己想要被懂的需求，这时候，失望、伤心就开始弥漫在情绪之中。

我的恋爱咨询对象丽丽最近就遇到这样的困扰，丽丽讲道："我和男朋友在一起三年了，但他总是不懂我，最近我生日还买了一件非常丑的礼物给我。为什么在一起那么久了，他还是不了解我，也不知道我喜欢什么，也不喜欢花时间来经营爱情，对自己一点也不用心，和热恋期差距真的很大。两人出去吃饭点菜总是点红烧肉，我以为他喜欢吃，虽然自己不吃但一直没有问，前天他才说以为我喜欢吃红烧肉，所以才点的。可那都是 2 年前的事情了，我已经不喜欢吃红烧肉很久了，自从减肥后为了保持身材，就再也没有吃过红烧肉，我以为他知道，原来他一直都没发现，也太不关心我了吧。而且每次我遇到不开心的事情，心情糟糕，跟男朋友抱怨，想要获得一些安慰，哪怕他什么都不说，给我一个拥抱也能让我心情好一些，但是男朋友却并没有考虑到我的情绪，一个劲地帮我分析为什么、下次应该怎么做，这让我更加生气难过，心情更加糟糕。我们已经恋爱三年了，我越来越觉得我们不懂对方，这段感情让我觉得很累……"

很多人和伴侣相处久了，就理所应当地觉得彼此非常有默契，不用怎么沟通，对方就能理解、读懂、满足我们的需求，就像丽丽讲的那样，认为在一起三年彼此之间就能互相了解，但不管是婚姻还是恋爱，大部分人过了恋爱的激情期之后就开始趋于平淡，也可以说过了感情的敏感期，伴侣之间因太过熟悉而常常会忽略一些曾经很在意、很敏感的事情，比如：对方的喜好、感情的变化、身体的变化，这些小的变化都已经不再在意。而实际上，无论是男性还是女性，这种被在意的需求依然存在。当希望对方懂我的需求逐渐被放大，一旦不被弥补，感情就容易出现空落期，正所谓期待越大，失望越大，也使得感情产生危机。情侣之间希望被懂得也是对方希望延续感情的一种诉求，这种诉求包含着几个关键词：给我一点被在意的感觉、给我一点关爱、给我一点惊喜、在我需要的时候陪伴。因此，希望对方懂得自己也是恋爱中男女的正常诉求，也是维系一段感情的关键。

回归正题：他 / 她为什么不懂我？我们是否了解恋爱伴侣，是否认识到男女在恋爱中的差异呢，只有了解男女差异才明白为什么我们总是不在同一个频道上。

在争吵方面男人注重解决问题，女人注重表达感受。两个人在一起，再相爱也难免会有吵架的时候，其实吵架并不可怕，因为在吵架中经常还能解决一些问题。但由于男女双方思维的不同，面对这一问题，往往有不同的表现。男人是理性动物、直线思维，心里想的是结束争吵，男人的思考逻辑是：问题是怎么来的？问题要怎么解决？怎样最合理、对大家都有好处？动手做——解决问题。而女性是感性动物，希望男人理解自己为什么生气，多去考虑自己的感受，多关注自己的情绪，关心、呵护自己，女性在争吵中的思维逻辑是：你说话的时候有没有考虑过我的感受？我说话你有没有在听？你居然敢吼我！你再吼我一句试试！你一点都不爱我！这日子没法过了。

在了解男女对于争吵的差异之后，是否也就恍然大悟，也发现当恋人在产生矛盾争吵的过程中，女性就像是火，歇斯底里、满腔怒火、据理力争，用力地发泄出自己的不满，当把心中的火烧完之后，就安静下来了，没事了。但男生却不一样，吵架时要么像冰块一样无声地去抗议，要么就是理性分析、给出最佳方案，一直在强调怎么去分析和如何解决问题。从吵架原因上来看，女生只是想表达自己的不满，希望男生能够意识到自己的错误，然后马上道歉，但是男性一般会选择沉默或者逃避，因为他们觉得，这压根儿就不是大事儿，有必要斤斤计较吗？但这样的反应则会彻底激怒女生，继而上升到态度问题，女生就归结于男生到底爱不爱自己这个问题上，因此，导致了很多情侣在吵架的时候，男人为了尽快和好，会说"我错了"，而女人此时便会接一句"错哪里了？"然后两人又陷入了争吵或者冷战之中。

　　其实在争吵中，男生只需要给对方一个拥抱，一句"宝贝对不起"，一句"不要生气了，我爱你"，就可以轻松化解争吵，女生只要你的一个真正的态度。而女生如果珍惜一段恋爱，也需要懂得男女差异，争吵中见好就收，不"乘胜追击"，不可太过，想在气势上每次都要争个上风，男生多一点忍耐，女生控制一下情绪，然后就会少很多"她怎么没完没了……""她怎么哄不好？""他怎么感觉不到我生气了，为什么不哄我""他不爱我了"这么日常又没有意义的想法。

　　在情绪方面男性不喜欢表达，女性热衷倾诉。人总是有情绪反应的，也总是难免会有情绪不佳，需要人安慰的时候。在恋爱中，女性有情绪问题了，往往会表现出来，让对方知道，会向男性倾诉。之所以这么做，是她们希望另一半能够分担自己的负面情绪，安慰安慰自己，在自己难过、脆弱时有个依靠。然而男性在从小的教育中，一般被教育不能哭，不能显示软弱，有什么情绪要自己面对，另外在恋爱中男性希望被喜欢的女性倾慕、依靠、信任，不愿意在女性面前显示弱小，当有情绪问题，往往不会表现出来让别人知道，特别是自己的另一半，他们多是默默消化，只想自己一个人安静待一会儿。

　　所以当男朋友心情失落，处于情绪的低气压状态时，如果不是男生主动开口找女生聊，女生在表达真切关心之后，不要太过主动，给他适当的时间和空间进行心情平复，等他调整好心态之后又是独当一面的样子；而当女生处于情绪低气压状态时，期待对方各种关心，男生则大多是想给对方空间自己平复，可现实是，如果男生就傻傻地等女生自己平复，不主动关心，那女生会倍感心凉。

但我们也鼓励男生多体验和释放自己的情绪，真正的勇敢不是压抑和逃避自己的情绪，而是适当地处理和面对自己的感受，让情绪流淌掉，清理干净，不妨适当地将自己的负面情绪、烦心事，向心仪之人敞开，适当地将自己柔软的一面在爱的人面前展露，获得对方的宽慰、开导，不仅能使负面情绪缓解，也能使双方之间关系更加紧密，相互支撑着对方走向未来，这也是爱情存在的意义。

男女除了处理情绪失落的方式有差异外，在应对情绪上也存在时间差异，面对喜怒哀乐各种情绪，男生处理得很快，而女生则要更久一些。比如一对情侣吵架了，女生生气到第二天继续生气，难过，内心责备男生为什么不来哄自己，而男生却不知道，认为有些事情早应该翻篇了，像没事儿人一样，给女生造成一种对方不在意自己的错觉。

大多数人在事业上也存在着差异，男性事业心强，女性付出感情多。人们常说：永远不要站在男人事业的对立面和女人情感的对立面，细思也不无道理。很多人在面对事业选择上，产生了分歧也最终使爱情走向了终点，就像佳佳和明明一样，两人在大学相恋 4 年，大学毕业后一起去了上海打拼，两个年轻人刚走上社会，对于美好未来充满期待，他们畅想着通过两人打拼能在大城市有一席之地，也给四年的恋爱一个好的开始。但也像许多爱情故事一样，面包和爱情不可兼得，随着明明业务越来越多，加班晚归也成了常态，经常需要陪客户吃饭经常凌晨醉醺醺地回家，相互之间逐渐的话题越来越少，相互陪伴的时间也越来越少，两人也慢慢产生了隔阂，佳佳生日当天明明因为加班忘记了送祝福和礼物，一次次的退让和理解之后，佳佳开始怀疑曾经的誓言和期待都是假的，也对明明失去了信心，最终提出了分手，一个人离开了上海。明明也很痛苦，为了给佳佳更安稳的生活条件，自己一心打拼工作，难道这样也有错吗，为什么佳佳不懂自己的付出？

"北上广不相信眼泪"，我们在电影作品中看到的像佳佳和明明这样的爱情悲剧可能时时都在上演，也有人开始怀疑真挚的爱情在事业和现实面前是否不堪一击。其实，我们需要客观冷静地来分析在事业面前男女的差异。

众所周知，现实中男性是更加偏向于理性的，男人的事业是主流，情感只是男人生命中的一条蜿蜒的小溪；而大部分女人则是用全部生命来奔赴情感的，女人只要面临感情，就会义无反顾地全身心地投入。

在诸多情感和婚姻咨询中，我发现，咨询者以女性居多，很少有男性。女人往往在恋爱、婚姻中有时会呈现弱势，更有许多人会缺乏安全感，在一段感情中，对待爱情的态度比对待事业的态度更加诚恳。而男性则更注重事业，男人的这种选择更多是因为本身在社会中所扮演的角色所决定的，男人在踏入社会后会更多地承担起家庭的负担，对于男人来说，事业是十分重要的，没有事业就没有经济来源，不但自己的生活得不到保障，家人也会因自己的窘境而受到影响。

事业心、上进心是男性在社会上、职场上的竞争核心力量，也是许多女性将男性列为配偶的一项重要指标，但如果一个男性事业心非常重，以至于成为"工作狂"，对于伴侣和家庭来说则是一种困扰，人的精力是有限的，过多的时间和精力花费在事业上，则会导致时间分配的失衡，使家人遭遇冷落，这就需要进行权衡和有效分配，在希望伴侣理解自己的同时，也需要给予对方情感回应。

随着越来越多的女生在职场上叱咤风云，与男性同场竞争，许多女性也开始努力、自律，让自己变得更加优秀，闲暇时分不如多读书、锻炼身体，合理规划自己的时间，打开眼界，拓展生活的宽度、延展生命的更多可能性，做一个有风骨的女子，慢慢地也会发现感情也不再是生活的全部。

面对红颜知己或者其他异性男女之间则存在着显著的差异，男人会说她是我的朋友，女人则说要保持距离。许多情侣在恋爱中产生矛盾和分歧的一个方面就是"是否该和异性保持距离"，小宁最近就很难过，她和男朋友相处得比较融洽，但有一点小宁一直觉得不妥甚至是不能再容忍。原来，男朋友有一个红颜知己，两人经常会在线上进行聊天，男友也经常把女闺蜜挂在嘴边，这让小宁很生气，觉得男朋友比较在意女闺蜜，但每次男朋友都说对方只是好朋友，两人更没有越界行为，小宁也就作罢。但有一次小宁和男友准备去筹划了很久的某地旅游时，出发前才知道男友还带上了女闺蜜，说是女闺蜜也没有去过旅游的地方，而且人多一点会热闹一些，碍于情面小宁没有发火，但是整个旅途中小宁觉得自己处境很尴尬，仿佛自己就是多余的，一次期待了很久的旅行也被尴尬的三人游所破坏，也觉得自己的爱情比较拥挤，自己忍受不了男朋友和其他女性那么亲近，最后小宁决定忍痛和男友提出分手。

我们常常会问这个世界上男女之间有没有纯洁的友谊呢？我们不可否认，男女之间有纯洁的友谊，但当谈了恋爱，有了另一半时，男女之间都要懂得跟异性保持一定的距离，有句话说得好"你的分寸感，就是爱人的安全感"。女性的占有欲往往比男性大很多，对于男性的异性朋友，会很在意。但男性往往不以为意，总是说："她只是我的朋友"，这样非常容易产生误会和矛盾。

爱情本身就具有排他性，介意伴侣与异性的距离是人之常情，伴侣没有边界感，你们的感情会被一个个异性打破平衡，感情里充满着介意、患得患失、吵架、冷战，最终会走不下去。保持边界感，还可以避免伴侣把情感寄托到别人身上。而一旦他在对方身上寄托了情感，就发生了情感的联结，你们的感情也就会受到挑战。

因此，好的爱情，都会主动避让，自带分寸感。

在物质上男性看中实用性，女性看中美观性。对于物质生活，每个人都有差异，而对于男女来说，差异可能会更加明显。

对待同一事物，男性更关注实用性，是否有必要、价值怎样，如果一件事物没有什么实用价值，他们大多会觉得"真浪费"。而女性更容易被美好的东西所吸引，具有感性，更在意美观性。这个差异在情侣之间互送礼物时就能明显觉察到，叶子马上就要过生日了，这也是她和男朋友大学恋爱之后的第一个生日，因此有很多的期待，一直在幻想着男朋友会送什么样的礼物，会不会有鲜花、情侣手链之类的。可是到了生日当天，却让叶子感到惊讶，原来考虑到叶子马上要考英语专四，男朋友送了一本牛津大字典，可以让叶子多学习一些英语知识，但是叶子却感到非常尴尬，还有些失落。其实叶子的男朋友送牛津大字典也没有什么问题，因为在很多男性看来送礼物要讲究实用主义，虽然有句话叫"没有女人不爱花"，但我曾经咨询过很多男性，他们就觉得花早晚会凋谢，华而不实，还不如送点吃的、用得实在。而女性送礼物就完全不同了，"对方的感受是什么？"这一点至关重要。以前我也做过一个调查，问了周边很多女性：如果一个对你独特的日子里，一个男友花了很大心思准备的礼物，和花同样的钱送你一张等值的超市卡，哪个让你更开心？哪个让你更想得到？80%的选择是精心准备的礼物，这也是为什么现实中很多男生送礼物，但并没有真正让女朋友感到开心和惊喜的原因所在。但现实中也有因为送礼物产生差异之后，女生不满意、男生认为很难搞，最后直接就成了"你需要什么告诉我或者你需要什么把链接给我或者我直接给你钱你买吧"，反而使原本被期待的礼物没有了新鲜感和期待，有时候对男生来说过重要节日成了"过劫"。

　　恋爱中除了男女在某些事情上存在差异之外，我们还需要了解一个心理学词语："透明度错觉"，是人们高估自己的个人心理状态被他人知晓的程度的一种倾向，透明度错觉又表现为人们倾向于高估自己对他人个人心理状态的理解程度，而这种倾向又被称为观察者的透明度错觉。通俗地讲就是，我们可能没有想象的那么了解他人，他人也没有我们想象那样了解我们，正是因为这种偏差的存在，所以经常会听到很多情侣抱怨他不懂我，其实何止是他不懂你，也许你也没有想象中的懂他啊，如果恋爱中的男女认为，在一起这么久了，对于某些分歧或者事件，两个人应该有默契，对方应该了解自己，也期待对方能够给予回应，可是却事与愿违，总是会发生"我以为你了解我，所以我没有说；我以为你懂我，所以我没有问；我以为你理解我，所以我没解释"的爱情悲剧。

　　比如女孩子经常用沉默来表示自己生气了，她以为男朋友会知道，但实际上神经大条的男孩儿可能根本没有get到女生生气的点在哪里，女孩儿当然就会越来越生气了，认为男孩一点儿都不在乎她的感受，男孩儿一脸蒙，则认为女孩儿太无理取闹，疲惫不堪，于是原本简单的问题却演变成了两个人的战争。

有句歌词唱道："女孩的心思男孩你别猜，你猜来猜去也猜不明白。不知道她为什么掉眼泪，也不知道她为什么笑开怀。"恋爱中许多女生希望对方用自己喜欢的方式爱自己，却总是羞于表达自己需求，喜欢让男生猜，猜对了就是"你对我真好，真了解我"，猜错了就是"你一点都不懂我，不爱我"，也令许多男生在女朋友心情不佳时，诚惶诚恐，所以恋人们要正视和接纳恋爱中对方不懂你，适当地示弱、适当地表达自己的情绪和需求，给对方爱的信号，让他 / 她更懂你。

—— 第十二节
"好好说话"是艺术

"我哭，他不懂安慰；我任性，他不知所措；我说反话，他当成真话去听"恋爱中的你有这样的烦恼吗？男生总是听不懂弦外之音，是装傻，还是直男？

身边有些人，总是在恋爱的时候，喜欢对对方说"随便你，你高兴就好，关你什么事，你要这么想我也没有办法"或者无所适从时喜欢说"我也没有办法"，但是大部分人喜欢听到的都是"有我陪伴你，我在的，嗯、我懂你"，这样的回应、这样的语气，透露出一种陪伴的感觉。

很多时候两个恋人矛盾、吵架，只有一个原因：不会好好说话。

下面让我们对比一下两种说话方式：

"你总是回来这么晚，你就不能早点回来呀，你就不能考虑一下我的感受啊"和"我一个人等你到这么晚，心里好害怕，也很担心你。以后你尽量早点回来陪我，好吗？"

前者常常让听者很反感，可能会受到对方粗暴的回答，而后者则表现出了担心，希望得到更多的安全感，对方也会因为你的语气，而给予相应的回答。良性沟通、好好说话在情侣之间非常重要。那恋人间该如何有效沟通呢？

直接表达自己的需求，我认为是情侣沟通中最主要的一条原则，有效表达需求是有层次和步骤的，先要客观陈述事实，这里的关键在于区分事实和观点，比如男朋友很多次约会时都喜欢打游戏，夹杂观点的表达：每次约会就知道打游戏，客观陈述事实的表达：你连续好多次约会都在打游戏。客观陈述事实后，就要紧接着说出自己的感受，我们继续以打游戏为例：因为你每次约会都在打游戏，让我觉得很孤独。前面两步说完之后，不要以为他就应该懂了，而是要明确地表达出自己的需求。句式是：我希望你能多陪陪我。

这个沟通模式让对方获取到了完整的信息：你的所见、所想、所感、所需，让对方更清楚地了解你，可事实中我们许多时候喜欢正话反说、意气用事，所以当遇到类似情况的时候，我们不妨先冷静三秒，试试这三个步骤，可能会有不一样的表达方式和收获。

恋人吵架最忌讳的就是把话说绝，有时候争吵时话赶话，一时冲动说一些气话，在当时说的时候可解气了，觉得要让对方也受到惩罚，一味地贬低、讽刺、挖苦，甚至辱骂对方，可能是解气了但也给两人关系带来了悲剧。最近浩宇来找我做情感咨询，说女友一吵架就会说出很伤人的话，怎么狠怎么来，比如："你以为自己很重要吗，你根本什么都不是""就当我死了吧，咱们不要再联系了""我宁愿一辈子单身，也不愿意和你这种人在一起""好吧，都是我的错，我自己承担好了吧""我们分手吧"……每次女朋友都歇斯底里地吵架，闹分手，说伤害自己的话，安静下来之后女朋友又来真诚地道歉，求原谅、要复合，女朋友一开始这样的时候，浩宇还会哄哄女朋友，但是次数多了之后自己也招架不住，虽然知道女朋友爱自己，但是下一次吵架，可能还会说出这样伤人的话，他很苦恼，不知道感情要不要继续。

现实恋爱中应该很多人都有像浩宇这样的恋爱困扰，良言一句三冬暖，恶语伤人六月寒，绝话是爱情的劲敌，是分手的催化剂。如"我恨死你了""我认识你后悔死了""我们分手吧""以后再也不要找我了""这是最后一次聊天"……当恋人吵架时，当双方处于盛怒之时说出这些话，为了不在气势上输给对方，另一方往往会随口爽快答应，两人便开始冷战、分手。许多恋人因恶言相对而成仇人，也因气话而成前任。有些尖酸刻薄的话，就像一把利剑，太过伤人，一旦说出来，就再也覆水难收，它造成的伤害，很难完全复原，即使康复，也会留有疤痕。说话留一线，日后好见面，亲密关系中更是如此，即使最亲近或最亲爱的人，都有产生摩擦和矛盾的时候，应该冷静地对待。如果你还爱着对方，那些不该说的话千万不要出自你的口。因此，不要在气头上吵架，这可能会彻底伤害你们的亲密关系，吵架时允许对方暂时保持沉默。

不说揭人短处的话是一种智慧，恋人之间既然相爱，就要珍惜，既然决定在一起就要逐渐接受对方，甚至是家庭的缺点、短处，每个人都有瑕疵，越爱一个人，越应该互相尊重，互相赞美，学会发现和欣赏对方的长处，不仗着对方的喜欢，说侮辱对方父母的话，毫无顾忌，揭露对方的缺陷，比如，你丑，你黑，你胖，你矮，你穷等等，其实关于这些问题，对方也一定心里有底，一旦从你的嘴中说出来，就会很伤人。

但是在恋爱中一些人会有意无意地挖苦、讽刺、打压对方，让爱情的天平失衡，让一方过得比较卑微，我曾经遇到过一对情侣，男生来自贫困家庭，而且父母在自己年幼的时候就离婚了，所以他从小因为自己的家庭状况而感到自卑，但也激发了他奋进出人头地、改变现状的动力，经过多年努力男生终于考到了一线城市的985学校，而且还交到了各方面条件都不错且来自大城市的女朋友，两人一开始因为互相欣赏而走在一起。但是时间久了之后，男生越来越觉得自己在感情中是卑微的那个，因为自己家庭条件不好，很少能够带女朋友去高档点的餐厅吃饭，平时过得比较节省，省下钱给女生买一些零食和礼物，男生总觉得委屈了女友，所以尽可能地包容、接纳对方，但久了之后女朋友越来越瞧不起他，有一次吵架后女朋友生气地说道："别的女生过生日能收到名牌礼物，而你每次都是带我去学校附近餐馆吃饭、看电影……"虽然女友没有很直白地表达自己"穷"，但也让男生自卑不已，觉得更加配不上女朋友，考虑是不是应该放手，让对方去追求自己想要的生活。其实在我看来男生已经在尽自己最大能力，给女朋友不管是物质还是精神上的付出，但对方却并没有看到，甚至嫌弃对方，早已忘记两人为什么而在一起。

我们都知道男生喜欢被所喜欢的女生崇拜、依靠和仰望，所以在公共场合，女生应该顾及男生的感受，给对方留面子，保护对方的尊严，也不要随便拿自己的伴侣和别人比，总以为这是激将法，会让另一半上进成功，但结果却适得其反，爱一个人就是给对方一份体贴和温暖，而不是不停地泼凉水。人无完人，其实每一段感情中都有或多或少的争吵和缺点，但感情冷暖自知，悲喜自度，万般滋味，皆是生活。

恋人之间的沟通需要建立在平等的基础之上，才能得到有效的效果，切勿强势打压对方，但也有一些人在恋爱中表现出较强的控制欲，总是希望对方按照自己的思路来"恋爱"。

我身边曾出现这样的一对情侣：女方坦率开朗、漂亮大方，男方谦恭和善，在外人看来两人简直就是郎才女貌、天作之合，在大家都以为两人能走进婚姻殿堂时，却传来了两人分手的消息，众人皆震惊了，没人相信这样一对情侣是这样的结果。当再见到男生时，他说："我知道大家都想知道我们为什么分手，我真的很爱她，她各方面都很优秀，可是她强势的一面让我接受不了，跟她在一起我不能说一个'不'字，一开始为了让她开心，避免更多的争吵，我都在忍让和妥协，但时间长了之后，我感觉自己没有自由和话语权，跟她在一起之后，我都变得不像我自己了，我压抑着自己的不满情绪，我很爱她，但是我不能因为爱她就放弃爱我自己，最终我们在关于婚礼到底是在生活的城市办，还是回我老家办，这一件事情上爆发了，我们互不相让最终分手了"。男孩还透露这些年自己的手机里不能存有秘密，随叫随到，不能有自己的多余空间，慢慢地所有的大事小事都由女孩做决定，男生只需要同意就行，一旦男生有不同的意见就上升为不爱了，必然会引来争吵。

从这段感情中我们发现两人都有错，两人都是受害者，恋爱中一方因缺乏安全感、控制欲强，强势地想操纵一切，让她越来越强势的罪魁祸首也是男孩，如果女生能收敛一些，如果男孩能一开始不过分纵容，这份感情或许是不一样的结果。在感慨之余，我们是否看到了自己在恋爱中的影子，一段感情中不管是哪一方强势，注定了这段感情走不长久。爱情不是恋人之间的博弈，不需要辩个你高我低、你对我错，从两人开始在一起时，爱情的天秤就会有所倾斜，我们需要努力保持天秤的平衡，聆听对方的声音，耐心地反馈，不把自己意愿强加给对方太多，遇到分歧坐下来商量；遇到挫折，不挖苦、打压对方，不怨天尤人，不埋怨过往、不计较得失，相互支撑才能走得长远。

学会倾听积极回应是良性沟通、好好说话的基础和关键，卡耐基在《人性的弱点》一书中写道：和你谈话的人对自己、对自己想要的东西和所面对的问题，其兴趣远超过对你和对你所面对的问题。所以要做到关心他人并倾听他人，问他人愿意回答的问题，鼓励他们谈论自己的经历和成就。恋人之间也是如此，在这个信息爆炸的时代，无数的信息争先恐后地占据我们的耳朵、眼睛，每个人都在努力发声，渴望被别人听到，被别人关注到，却鲜有人能做到真正地聆听对方。

倾听并不止于听，而是代表了关注和爱，在倾听中，我们需要付出的并不只是耳朵，而是时间、精力、真情、接纳和关注，真正的倾听不带有任何先入为主的偏见、批判和指责。只有真正地倾听，才能让人与人之间变得亲密和相互信任，当你看着对方的眼睛，用心体会对方的语言、情绪情感、内心需求时，你已经给予了对方最好的陪伴和关怀。

我们可以试试通过以下几种方法来培养倾听能力，首先要练习安静，每天给自己三分钟的安静时间，安安静静地，沉淀下来，也能够让自己逐步获得安静的力量，重新获得专注的可能；其次，要学会闭嘴，就是克服"自我"天性，时刻提醒自己，去关注他人在说什么，想要表达什么，而不是将注意力都放在自己身上；再者，是要学习信任和尊重，尊重和接纳对方的不同意见，接纳别人的不一样，不过多干涉对方的想法；最后，学习不批判，不指责，"你这样是不对的""你的想法是错的""你不可以这样"……不停地使用否定的词语会给人一种命令或者批评的感觉。多使用积极的词语，这不只是为了让别人喜欢你，更重要的是，可以调整你对生活的看法。

倾听并不代表一味沉默，而是尝试通过专注的表情、恰当的肢体语言、适当地给对方回应，给对方肯定和鼓励，让恋人在你专注的倾听中获得安全感、支持感和信任感。如果互相诉说时，一方无动于衷，或者在电话中一点反应也没有，反而会激怒另一方，让对方怀疑是不是在认真听，有没有把自己的事情放在心上，最后倾诉以吵架结束。

适当的幽默感有时能够巧妙地化解情侣之间的矛盾，恋爱是不可能一帆风顺的，偶尔小吵小闹在所难免，当情侣之间产生矛盾、发生争吵时，不如用幽默来化解冷战和分歧。就像小凤和男友的相处模式那样，两人是通过朋友介绍认识的，一个话痨，一个性格内向，两人每次吵架之后，男友一言不发地生闷气，小凤又一直说这个那个的，对两人的关系有很大的影响。后来，小凤在网上看到了很多土味情话，觉得很有趣也学了起来，每次两人只要一吵架，她就会搬出这些"绝招"来缓和气氛，什么土味情话，什么要亲亲要抱抱，总之什么拿手什么受用就都使出来！"别让我再见到你了，不然我见你一次，喜欢一次！""地球和太阳都不是宇宙的中心，你才是。"这些幽默的土味情话、甜言蜜语使小凤和男友之间的矛盾一次次得到了化解。

我以前是一个害怕吵架的人，总觉得剑拔弩张的争吵会让双方受伤，而且吵架后还要花时间去缓和矛盾，非常的麻烦，为了减少争吵，避免双方矛盾升级，一般我会选择沉默不语，不回应、不争辩，或者当自己心情不好、遭受委屈的时候，都是一个人承担。但是发现一方不说不表达，两人都在小心翼翼地伪装着自己，生怕吵架给对方带来负面情绪，这样并没有解决问题，终于有一次我承受不了之后，跟对象争辩，表达了自己的想法之后，却发现其实争吵也没有想象中那么可怕，反而让爱情升温。

大家都说相爱容易相处难，吵架就像照妖镜，照到我们自己不想看到的地方，有时候争吵也不一定是一件坏事，正确地理解争吵，解决争吵也可以促进感情更上一层楼，错误地理解了争吵，忽视本身存在的问题，那么问题永远得不到解决，甚至会影响感情的发展。

有时候争吵并不可怕，情侣之间吵架可以发泄情绪，在争吵过程当中双方都表示出强烈解决问题的渴望，在这一过程当中，声音会变大，情感会变浓烈，专注度更高，这是强烈渴望解决问题的体现，也是双方在意这段感情的最好表现，而争吵更是情绪的宣泄口，适当的争吵可以排解心中的抑郁；吵架可以让情侣之间的问题浮现出来，吵架争吵从来不是促使一段关系走向终结的根本原因，隐藏在争吵这个伪面具下面的矛盾才是，争吵把隐藏在假和平下面的问题浮现出来，让我们可以重视的问题本身并给予解决；吵架是双方高效沟通的过程，如果两人的相处平静如水，淡然处之，那么两个灵魂没有发生激烈的碰撞，自然也不会产生交融。而争吵把两个灵魂拉得更近，两个灵魂在相互地撕扯，在剧烈的情感晃动当中，灵魂得以交融也能促使双方更加了解彼此，很多人都说不喜欢冲突，害怕吵架，所以在情感当中，他们都小心翼翼地维护着某一段感情，但是这样的小心翼翼维持来的是假性亲密关系，两个人在情感当中灵魂没有得以真正地交融，并没有真正地了解对方，甚至会埋下一颗不定时炸弹，争吵本身就是一个排雷的过程，正确地理解争吵，方能让我们不畏惧争吵，并且通过争吵来连接彼此，让彼此的灵魂得以交融，让关系更加地融洽。

前面我们讲到了恋爱中争吵的优点，但也要知道争吵是有限度的，不能伤了感情，即使再吵架也绝不说提分手，好好沟通问题，不情绪化，以分手要挟、试探对方，而且即使再吵架也不翻旧账，这样只会让矛盾叠加，无法有效沟通和解决问题。

第十三节 ——

给爱情加一份保鲜剂

爱情的保质期到底有多长？这大概是每个陷入爱情的人都想弄清楚的未解之谜。

有研究者给出过答案：18—30 个月，这个时间段已经足够让男女相识、约会乃至结婚生子。

当激情和甜蜜过后，一切归于平淡，随着恋爱时间的延长，即使对方做出相同的爱情行动，你的感觉也越来越弱，当对方第一次给你送上鲜花，对你说出美丽的示爱言语，你激动得眼泛泪花，心跳不已，但随着时间的延长，对方付出同样的时间和精力为你准备这些爱情的礼物，你的感觉越来越麻木，没有了最开始脸红心跳。古人的爱情体现了一个"慢"字，以前车马很慢，书信很远，一生只够爱一个人，而对于许多年轻人来说，经历的都是速食爱情，爱情保鲜的周期也会缩短，一旦保鲜期过去，人们很难找到热恋期的感觉。

进入恋爱磨合期，如何在趋于平淡的恋爱中，做到相看两不厌，我们则需要给爱情加一份保鲜剂。

很多情侣在一起久了之后感觉很平淡，没有什么激情和浪漫气氛，很难让彼此的感情再次升温，那就需要制造一些小浪漫，让爱情充满甜蜜和激情。

可以尝试送她一直想要的礼物，女性是感性的动物，偶尔送花或者小礼物就可以增进彼此的感情，在生活中细心一些，关注她喜欢然后一直想要但又舍不得买的东西，悄悄买下来，在情人节、纪念日送出去，则会让女生感动不已，很多人以为在一起久了，不需要这些虚的东西，但生活需要仪式感，偶尔为之，则是生活的调味品，礼物不一定多么贵重，却能够让对方感受到你的细心。

如果一直待在一个城市，那就带她一起去旅行吧，情侣一起去旅行是一次修行，也是对于感情的一次历练，无论是去远方还是近处，美好的爱情，是和同一个人，经历不同的事情，看不同的风景，两个人抛开生活的烦恼、生活的压力，爱人在身边，美景在眼前，一起体验生活的美好，重温彼此的小心动，感受对方在旅行中的体贴，也给平淡的生活添加难忘的回忆。

在平淡的生活中增加一点仪式感，定期约会，出其不意地准备一次烛光晚餐，美食不一定花样很多，但氛围要到位，动听的音乐、泛着烛光的晚餐，条件允许两人一起翩翩起舞，一切都恰到好处的浪漫，可以让两人找到热恋的感觉。

情侣之间制造小浪漫可以让感情升华，让趋于平淡的感情又开始焕发生机，但也要明白不是一味地制造自己觉得浪漫的事，浪漫要建立在彼此爱好喜欢感兴趣的事情上，也要尊重对方的想法，不然则会适得其反。

你有多久没夸夸你的恋人了呢？在一起时间久了之后，你是否心安理得地享受恋人的付出呢？爱情中最忌讳的就是一味地索取，我们要常怀一颗感恩之心，肯定对方的付出，感谢对方在孤独、困难、徘徊时的支持与鼓励，感恩对方在漫长岁月里的陪伴，对对方的付出给予回报，多夸奖、赞美对方。弗洛伊德说："人可以防御他人的攻击，但对他人的赞美却无能为力。"赞美爱人也是表达爱的另一种形式，恋人之间的赞美，让琐碎的生活更加有温度。

"会夸人"是一种能力，但"夸人"也需要恰到好处，夸赞要真诚，内容要真实，时间要及时，也就是说夸奖的时候一定要发自内心，还要夸在点子上，比如当你的男朋友为了两人的未来，努力打拼时，就可以跟他说："亲爱的，你为我们的幸福生活这么努力，我真的好感动，只要我们一起努力，日子就更加美好"，又比如当对方在你困难的时候一直陪伴着时，你可以说："谢谢你的陪伴，因为有你在，让我感到很心安"，这种无形的精神鼓励，既让对方的付出被认可，还能激励着对方。另外，我们也可以夸赞一下对方的外貌、体型、性格、优点、成就，比如：当你的女朋友穿了一件新衣服时，试着夸夸她说："亲爱的，你今天真漂亮"，当你的男朋友在球场上时大声为他呐喊，场下夸夸他："亲爱的，你在球场上奔跑时真帅啊，是球场上最亮的仔"，当对方取得进步或者成就时，发自内心地替他高兴，并夸赞他："亲爱的，我为你取得成绩而感到骄傲，你真棒"。但是夸赞对方时要真诚，不能太虚假，也不能一味地给对方"彩虹屁"，失去了夸赞的本意。

我们还需要把爱常挂嘴边，相信没人能抵抗住"我爱你"这三个字，因为你好我才爱你，因为值得所以才爱你，所以要在日常生活中，不要羞涩，多跟对方说"我爱你"，让对方了解你的心意。

　　男生非常希望自己爱人能够崇拜自己，当女朋友出现崇拜的眼神时，就让男生觉得"我就是心上人的英雄"，所以女生们不妨偶尔放下小倔强、小强势，做他的迷妹，男性的保护欲和成就欲也就更强了，也让彼此之间更加亲密。

　　一部大火的电视剧《我的前半生》直接戳中了女性经济独立的痛点，衣食无忧的全职太太罗子君，在养尊处优的生活中成为废人之后，惨遭丈夫出轨而被迫离婚，重返职场逆袭人生的故事，很多人抨击出轨男，但其实男强女弱、依附于男性生存的婚姻早已出现裂痕。也让无数观众体会到，爱情和婚姻必须是建立在平等的基础上的，就像诗人舒婷在《致橡树》中写到的：

我如果爱你——

绝不像攀缘的凌霄花，

借你的高枝炫耀自己；

我如果爱你——

绝不学痴情的鸟儿，

为绿荫重复单调的歌曲；

也不止像泉源，

常年送来清凉的慰藉；

也不止像险峰，

增加你的高度，衬托你的威仪。

甚至日光，

甚至春雨。

不，这些都还不够！

我必须是你近旁的一株木棉，

作为树的形象和你站在一起。

根，紧握在地下；

叶，相拥在云里。

每一阵风过，

我们都互相致意，

但没有人，

听懂我们的言语。

你有你的铜枝铁干，

像刀，像剑，也像戟；

我有我红硕的花朵，

像沉重的叹息，

又像英勇的火炬。

我们分担寒潮、风雷、霹雳；

我们共享雾霭、流岚、虹霓。

仿佛永远分离，

却又终身相依。

这才是伟大的爱情，

坚贞就在这里：

爱——

不仅爱你伟岸的身躯，

也爱你坚持的位置，

足下的土地。

当情侣感情稳定或者结婚后，由于家庭分工不同，女方照顾家庭，忽略了学习，而男性因为一直在前方拼搏竞争，一个格局不断打开，一个困于狭窄的空间内，久而久之，双方的思想不在一个层次上，沟通成了问题，感情受到了影响。所以最好的爱情是势均力敌、旗鼓相当、棋逢对手，最好的爱情保鲜剂则是在这段感情里面不断地自我延展，不断地提升自己，拥有独立人格、让自己变得更加强大，尝试做一些美好的事情，比如学习一样乐器、坚持健身、学习一门技术或者语言等等，一个对新鲜事物充满好奇、不断挑战、热爱生活的女性，本身就充满了新鲜感，即使爱情稳定甚至未来走入婚姻，也不应该放弃读书和学习，不失去成就自己的机会。

有时候我们发现，恋爱中特别需要个人空间，哪怕是和自己最爱的人在一起，也有想一个人静静的时候，特别是对恋爱时间久的恋人来说，需要适当地保持距离感，反之就像李江和杨欣那样因为恋人间的"距离感"产生了情感危机，他们两人是同一个学院的同学，两人基本上每天都形影不离，一起吃饭、自习、看电影、逛街，周围的同学都羡慕他俩恋爱稳定，可李江却私下吐槽自己都快窒息了。原来，每天都陪女朋友被舍友们取笑重色轻友，自己没有生活和自由，和好哥们打游戏、打球的时间大大缩减，连自己和同学出去聚餐，要么就得跟女朋友请假，要么就得把女友带上，这种饭局弄得自己也没有面子，觉得自己"妻管严"，两人每天在一起没有自己的生活和自由，而且每天重复着同样的事情，感觉生活也很枯燥，但又不敢跟女友说自己的想法，担心她会生气，只能压抑着自己，可这样的日子什么时候是个头啊，好绝望。

人和人都是有一定的边界感的，像李江和杨欣这样天天腻在一起，长此以往就会产生压力，那恋人间如何找到最舒服的相处方式，找到最佳的心理和空间距离呢？我认为首先需要了解对方舒适的距离，通过沟通交流开诚布公地谈谈自己的感受，找到双方都能接受的距离。而且要警惕自己的过度"黏人"，不以自我为中心并控制他人，如果很难控制自己想联系对方时，不妨试试一些办法缓解一下，比如，可以适当地转移注意力，去做自己的事情，约着小姐妹吃饭、逛街，和好兄弟一起打球、运动，或者一个人阅读、看电影，让生活中有更多的人和更多的事情，这样你会发现生活也会多姿多彩起来，可以在他需要空间的时候，提前给你打声招呼，可以等待他回到身边后用温和的口吻确认他刚才的行踪。

一对恋人刚在一起的时候，对于彼此而言是充满了未知的新鲜感的，兴趣爱好、生活经历、个人技能都会有所不同，两个不同的人会从对方身上，无形地吸收和感受带给自己的新事物和新鲜感。可是当在一起越来越久，互相太过熟悉，新鲜感则会降低，一个眼神对方就能明白接下来你要干什么，拉手就像是"左手拉右手"。恋爱是盲目的，部分女生在恋爱里迷失了自己，丧失了自我，放弃自己的圈子，爱情比天大，围着对方转，现实中越依赖对方，也让对方越来越无所谓，被对方吃透了，我的情感咨询对象童童就经历过这样的遭遇。童童是一个托付心态很重，非常依赖男朋友的女生，时时刻刻都想知道对方在做什么，如果一联系不上就会拼命打电话，时间久了不仅男朋友觉得烦不想理她，也认为童童离不开自己，便越来越不将童童放在心上，对于男朋友的反应，童童很伤心。为了帮助童童扭转被对方吃定的局势，我建议她要改变原来的相处模式，打破男友对童童的固有印象，不按常理出牌，比如不再打听男友的行踪，也不过度关心他在干什么，不像平时那样围着男朋友，而是找到自己的兴趣点，做自己的事情，一开始男朋友还觉得非常好，终于没有人打扰自己了，可是这样连续好几天之后，男友就不习惯了，还主动联系童童，问她最近怎么不找他了，最近在忙些什么，也让男生明白了离开他童童照样过得挺精彩的，反而珍惜起来了。

　　所以我们发现恋爱中情侣的关系很有趣，有时候就像是玩猫和老鼠你追我赶的游戏一样，如何让感情保持新鲜感和神秘感，就是要打破对方的固有思维和印象，变成不一样的人。比如，男生觉得你是一个缺乏安全感的人，那么突然你变得自信、独立，就会带来新鲜感；如果女生觉得你平淡无趣，性格木讷，那你突然会懂情话、逗她开心，就会给对方带来不一样的认识，突然转变模式之后，一切就会变得不一样，但是呢，我也建议大家要根据自己的实际情况转变，而不是为了转变而转变，这样也会使双方都不自在。

第十四节 ——
不要怀疑，这就是"性骚扰"

不知道在日常的生活中，你是否接到过异性发来的暧昧短信，同学、朋友聚餐时餐桌上是否有人讲起黄色笑话，是否有异性用语言挑逗你并发出性暗示，或者是否有人曾暗示潜规则能帮你获取某些便利……如果你曾经或者正在遭遇这些时，你是否想过这是性骚扰？性骚扰的魔爪伸入校园、职场已经不是新鲜事，许多青少年由于经验不足，难以分辨关心、暧昧与骚扰，在遭遇性骚扰之后敢怒不敢言或者后知后觉，甚至成为一段难以启齿的经历，今天我们一起来聊聊性骚扰。

什么是性骚扰？性骚扰是违背他人意愿，以言语、文字、图像、肢体行为等方式对他人实施具有性本质内容的、不受欢迎的侵权行为，该行为使当事人受到冒犯、胁迫、羞辱，导致了不良的心理感受或敌意、不友好的工作（学习）环境。一性别教育中心对六千多名高校大学生进行了调查，发现近七成大学生曾遭遇过性骚扰，性骚扰成为大学生当中发生率很高的事件。

性骚扰的表现形式主要有口头方式，如以下流语言挑逗对方，向其讲述个人的性经历、黄色笑话等；行动方式，比如故意触摸、碰撞、亲吻对方脸部、乳房、腿部、臀部、阴部等性敏感部位；设置环境方式，即在工作场所周围布置淫秽图片、广告等，使对方感到难堪。

性骚扰的情况比较复杂，性骚扰者没有绝对的年龄和职业界限，一般有以下几种形式：第一种，补偿型性骚扰，由于长期性匮乏导致的一时冲动，而对他人实施非礼的冒犯举动，这种骚扰行为多是处于不同程度的亏损心理；第二种，游戏型性骚扰，这多是一些有过性经验的人，对他人的非礼、不敬出于有意的游戏心态，骚扰的目的多是出于猎奇，满足游戏心态，或者是炫耀自己的"本事"；第三种，权力型性骚扰，这种多发生在上司对下属，职场上比较多见，骚扰者一般拥有权力或者资源，性骚扰也大多是出于游戏心态，但比一般游戏者表现得更为"文质彬彬"；第四种，攻击型性骚扰，这种骚扰者多半是因为早期和异性发生过不愉快的恋爱经历，对异性有一种仇恨和厌恶感，把对方当作敌人，这种性骚扰多有一种报复心态和攻击性，实施性骚扰并不是为了占据对方，有可能是为了发泄不满情绪，得到一种心理补偿和平衡；第五种，病理型性骚扰，这种性骚扰则带有明显的病态，骚扰别人会给自己带来性冲动和心理上的快感；第六种，冲动型性骚扰，这种多指青春期的青年，由于对性比较好奇，但又没有较好的自制力，对他人开展性骚扰大多起于性的冲动，而且还会多发生在熟人之间。在介绍这些后其实我们也可以发现，性骚扰者很难属于其中一种，他们的心理状态可能是交叉的。

很多人认为只有女生会受到性骚扰，可事实上并非如此，男生同样也会受到性骚扰，大三学生小明就在一次实习中遭遇了职场性骚扰，为了提前了解所学专业就业前景和就业环境，小明利用暑假在一家企业内进行实习，实习期工资待遇不错，公司丽姐负责自己在实习期间的培养和考核等，实习初期小明与丽姐相处非常愉快，丽姐会耐心向小明解释公司的情况，帮助小明解决在实习当中遇到的问题，小明对丽姐非常感激但是也保持着一定距离。渐渐地小明发现丽姐会在下班之后邀请小明一起用餐，并且言语轻佻，半夜给小明在微信上发一些言语暧昧微信，有一天在讨论工作时，丽姐坐在小明身边，一边说话，一边将手放在小明的大腿上，这种情况令小明非常尴尬，急忙躲闪。小明很苦恼，原以为会有一个愉快的实习经历，没有想到自己竟然遇到了职场性骚扰，后来为了避免发生类似的情况，小明放弃了此次实习。其实现实中像小明这样遭遇职场性骚扰的情况应该不少，但由于男性遭遇性骚扰的数据普遍较少，这可能基于男生对于性骚扰的认定范围较女生的窄，大部分男性在界定自己是否受到性骚扰时有一个较大的容忍度，或者他们大都不以为意。如被人拍拍腰背，女生对这种行为的敏感度比男生的敏感度高；若遭受女生性骚扰，男生大都不愿向外界诉说，他们担心可能没有人会相信，男性的自尊心促使他们不愿向人诉说，"男孩不吃亏"的说法也让受害男生有苦说不出，所以也慢慢地给大家造成了好像只有女生遭遇性骚扰的假象。

在现实生活中，我们发现人们默认年轻漂亮的女性才会被性骚扰，很多人也习惯地认为性骚扰是"见色起意"，甚至当性骚扰或者恶性事件发生后，对女性进行污名化，责备穿衣性感暴露等等，其实无论何人均有可能受到性骚扰，女性衣着性感也不可以作为性骚扰的借口。我不禁想问大家一个问题：你认为身体上的性骚扰是否比言语上的性骚扰更普遍呢？事实上言语上的性骚扰更为普遍。很多人认为一些带有性意识的言论或笑话是对另一方的一种赞美，但问题在于对方的感觉究竟是赞美还是侮辱，这一点需要我们进行分辨和确定。

性骚扰给青少年带来非常大的影响，首先，性骚扰会影响和限制被骚扰者的生活，损害被害者的形象以及自尊和自信，个人尊严是自我价值的护卫，自信是自我价值的体现，若一个大学生屡次遭受性骚扰，就容易怀疑自己的价值，变得自惭形秽；其次，性骚扰的发生会增加被害者的厌恶和恐惧，使他/她生活在恐惧、怀疑和压抑之中，加上人有想象的禀赋，不快的想象很有可能使他/她患上"他/她性恐怖症"，以致严重影响他/她对整体男/女性的看法；再者，有些女孩因性骚扰的痛苦记忆而陷入"一朝被蛇咬，十年怕井绳"的习惯性恐惧中，从此有意识地把自己封闭起来，不与男生交往，拒绝恋爱和结婚，变得悲观厌世，成为性骚扰的牺牲品；最后，由于胆小和恐惧，受到性骚扰的女性很可能产生盲目依赖感，下意识地想置身于某个男性的保护，这种过分期盼安全的不安全可能会让女生发现自己一心托付的男性并非如自己所愿，产生二次伤害。

所以面对性骚扰我们要勇敢地说"不"，在生活中不同情景下，我们都要合理应对性骚扰，保护好自己。

假如在公共场所，当我们被他人用暧昧的眼光上下打量或予以性方面的评价时，合适的处理方式则是不要理睬，及时避开，换个位置，可以的话立刻抽身离开；对有性骚扰企图的人，要用眼神表达你的不满，但如果对方并无收敛，可直接用言语提出警告，把你的拒绝态度表达得明确而坚定，告诉对方，你对他的言行感到非常厌烦，若他一意孤行可报警，请警察协助，但这些应对方式都是在确保自己安全的前提下使用。

当对方通过电话进行电话性骚扰，说一些暧昧甚至龌龊的言语时，最好不要用激烈的言辞反唇相讥，因为这样做反而会引起对方的兴奋，应该用严正的语气说："你打错了电话！"如果对方是个经常骚扰的陌生人，只要他打进电话，应该马上挂断电话，不要理他，或者告诉他这部电话装有录音设备。最后要记得告诉父母事情的经过，如果对方要到家里来，记得一定要报警处理，防止发生恶性事件。

假如当你收到淫秽物品，比如接收到与性有关的礼物，处理方法则是不要畏缩或偷偷将其处理掉，要用坚定的语气向对方说："你的行为实在无聊，若你不收回，我会投诉或者报警。"并且留下物品作为证据，切记消除贪小便宜的心理，不要轻易接受异性的邀请与馈赠。

大家也知道在公共交通，比如地铁、公交车上是性骚扰发生概率比较高的场所，如果遇到故意抚摸或擦撞或有其他性骚扰行为的人时，千万不要退缩或不好意思，可以大声斥责："请将你的手拿开！"可以狠打其手，也可以告知同行的伙伴，引起公众的注意，使侵犯者知难而退。对情节恶劣严重的可报警，在交通工具上如果遭遇性骚扰，一定要使用合适的方式来保护自己，一味地退让可能会让自己继续受到伤害。

此外，平时我们也要注意外出时尤其在陌生的环境，要留意那些不怀好意的尾随者，必要时采取躲避措施；对于有性骚扰行为的人，应及时回避和报警，不可有丝毫的犹豫不决，万一遭遇性骚扰，尤其是性暴力，应大声呼救；遭遇性骚扰，也可机智周旋，还应设法保留证据，及时向有关部门求助和告发；受到伤害后，应尽快去医院检查，以防止内伤、怀孕或感染性病等，并及时进行心理咨询、心理治疗，医治精神创伤。

除了上述情况之外，恋人之间存在性骚扰吗？有人会说没有，认为恋人之间有一些亲密举动属于情到深处的自然流露，是情侣之间两性关系的情趣，没有必要上纲上线。但也有人认为亲密关系中的"情调"和"性骚扰"是有区别的，恋人们在一起时会产生亲密的举动，但也必须是双方自愿的，假设有一方说"不，我不要"，对方如果仍然强迫的话，就是犯罪，就是性骚扰了；如果男女双方已经建立起亲密关系，此时男方对女方开涉及性方面的玩笑，是否构成性骚扰，则取决于女方的态度，如果女方感觉被冒犯，表示出抗拒，甚至明确指出来了，但男方依然如故，则构成了对女方的性骚扰。

在情侣约会中则需要弄清楚暧昧与性骚扰的边界在哪里。小明和姗姗刚确立恋人关系，两人约着去吃饭看电影，这天姗姗穿着长袖连衣裙，化着淡妆，涂了比较鲜艳的口红，小明一看到姗姗精心打扮的样子就很开心，吃饭的时候小明坐得离姗姗很近，身体侧边紧贴着姗姗的手臂和腿，姗姗却认为刚在一起约会不应该这么亲密，认为还是循序渐进比较好一些，因此姗姗比较有礼貌地说"我们保持点距离，你坐远一点吧"，可是小明却没有把姗姗的话当真，认为是刚在一起姗姗还比较害羞，不适应情侣之间的亲密互动，认为时间久了就好了，刚开始小明往旁边挪了一下，可过了一会儿，小明又开始坐得比较近，两人吃饭聊天的时候，小明"不经意"间将手放在姗姗膝上，并慢慢抚摸姗姗的腿和手，为了不影响两人的关系，不打破现场的气氛，姗姗往边上一挪位置，小明则贴上来一些，小明似乎认为是两个人在玩情侣间"打情骂俏"的游戏，小明甚至想更进一步，这让姗姗心里感到生气和委屈，终于忍不住冲小明发火："为什么我都说了不要碰我，你还是靠近我，甚至做一些让我不舒服的举动？"小明感到很尴尬，在饭店里压低了声音说："你别这样，不知道的还以为我们怎么了，情侣之间搂搂抱抱不是很正常吗，我是因为喜欢你，才会情不自禁地想靠近你啊！"姗姗说："我觉得你应该给我最起码的尊重，当我拒绝的时候你应该停止亲密的举动，我觉得你有点'骚扰'我，让我感到心里不舒服。"当"骚扰"一词说出口时，小明震惊了，他没有想到自己的行为让姗姗感到不适，也认识到可能是自己有些着急了，随后便向姗姗道歉，两人也约定好，刚开始恋爱，需要给双方一个可接受的时间和空间，以免不合时宜的亲密举动使两人之间产生矛盾。

　　从姗姗和小明约会的案例中可以看出，情侣之间的情趣和性骚扰其实并没有一个非常明确的界限，当一方超过底线做出过分的言语和举动，给另一方带来不适时，不要犹豫，直接说出来，拒绝、明确提出自己不愿意并进行澄清，无声的拒绝和抗拒有时候可能会给对方造成一种可以继续的错觉，只会让对方变本加厉，情侣中部分男生会走"霸道总裁风"，苗苗和男朋友交往半年，感情一直很好，可最近两人开始进入了平淡期，但是男朋友会用各种霸道总裁的方式"撩"苗苗，比如在公共场合壁咚，在校园内突然强吻，甚至在公共场合偷偷摸苗苗，苗苗不反对情侣之间亲吻拥抱，可是在公共场合这样的举止，让她感到尴尬，也害怕男朋友会变本加厉地侵犯自己，但是又担心自己拒绝后，男朋友会不高兴，使本来就已经进入平淡期的感情更加"摇摇欲坠"，所以苗苗比较纠结，可苗苗不知道可能正是自己这样一味地退让才让对方越来越得寸进尺。

两性关系中，不管是朋友、恋人还是陌生人，需要建立属于自己的社交边界，不接受他人越界的言语或者行为，比如家暴、辱骂、骚扰等等，除了直接拒绝之外，还可以用法律来维护自己合法权益。小夏是一名大二女生，在一个微信群里遇到了在同一个城市上学的老乡小李，两人有着共同的兴趣爱好，小李逐渐对小夏产生了好感，时常对小夏嘘寒问暖，异常的孤寂、互相契合的爱好，也让小夏对小李产生了好感和依赖，小夏答应了小李的追求，两人打算见面，但见面前两人约定：两人只谈纯粹的爱情，不发生性关系，在随后的时间里，两人多次见面，每见一次两人都聊得很开心，而且也一直遵守着约定，这也使小夏逐渐地对小李放松了戒备心，五一节假日时，小李提出了外出旅游，小夏也同意了，当晚两人在酒店休息时，无意间小李看到了小夏和其他男生的聊天记录，虽然聊天内容多是学业上的互动，但这让小李内心没有安全感，一下子强行抱着小夏亲吻，甚至想发生进一步的关系使两人感情更加稳固。面对冲动的小李，小夏非常害怕，连忙喊着"不行，放开我"，并尽力挣脱，但都没有起到效果，最终小夏以报警为由才迫使小李停止了侵犯行为，趁小李放开自己时，小夏迅速逃出门外，拨打了110向警方提供了自己所在位置寻求保护，而小李在冷静下来之后，也开始对自己的冲动行为后悔不已，最终小李被民警带至派出所进行调查。虽然小李和小夏是情侣关系，但是小李违背小夏意愿，采用暴力手段强行与小夏发生性关系未遂，他的行为构成了强奸罪，但由于小李因意志以外的原因未能得逞，属于强奸未遂，最终小李也为自己的行为付出了代价，受到法律的审判。

　　有一些人会质疑，小李和小夏是情侣关系，这最后怎么还闹成了"强奸未遂"？在法律上无论双方是什么关系，如果男方违背妇女意愿强行发生性关系，这已经不仅仅是性骚扰了，很有可能涉及强奸等罪名，作为男生，在恋爱中任何时刻都要保留一丝理性，避免越界行为或者违法行为发生，而女性在遭遇到对方的性骚扰甚至是被迫发生性行为时，也需要保持冷静，先尝试与对方沟通，利用自己身体不适等话术试图让对方放弃侵犯行为，如果抵抗无果，则要保留证据，到医院检查并及时报警，维护自己的合法权益。

—— 第十五节

对 PUA 说 "不"

在爱情中，你是否有时听到恋人说："你太让我失望了""你怎么变成这样了……""没有我的帮助，怎么会有你的今天……"如果有，那你就需要警惕，对方是不是在对你实施"PUA"。

这几年 PUA（精神操控）这个词备受关注，PUA，全称"Pick-up Artist"，原意是指"搭讪艺术家"，其原本是指男性接受系统化学习，实践并不断更新提升，自我完善情商的行为，后来泛指为吸引异性、让异性着迷的人和其行为，主要涉及的环节有：搭讪、互动、建立并确定彼此关系，直到发生亲密接触且发生两性关系。

PUA 最早起源于 20 世纪 70 年代的美国，当时美国社会发生着剧烈的变化，"性解放"、摇滚流行，反叛的年轻人离开父母到大城市生存，独立自主的年轻人寻求更快更高效结交异性朋友的方法，20 世纪 80 年代，美国作家埃里克·韦伯撰写了一本专门讲述如何提高与异性交往成功率的书籍，从书面世开始，PUA 在社会上取得了自己的文化专有领域，并在短时期内形成了一些门派，随着互联网的发展，PUA 与网络结合，更加速了其传播，PUA 其实涉及了很多方面，比如亲子 PUA、职场 PUA、自我 PUA 和亲密关系中的 PUA。

"PUA（精神操控）"最常见的"五步陷阱"主要是"好奇—探索—着迷—摧毁—情感虐待"，通过心理控制，让对方情感崩溃，失去理性。

好奇陷阱是五步陷阱法的第一步，不良 PUA 使用者在与目标接触后，以虚拟自身人设的方式达到吸引目标的效果。不良 PUA 使用者会根据面对目标的不同，而构造出与目标性格较为贴合的人设。

第二步为探索陷阱。探索陷阱在实操过程中分为三个阶段：颠覆形象、情感共鸣、制造特殊性。首先不良 PUA 使用者对之前建立起来的人设进行颠覆，假装在不经意间展露自己的秘密属性，引导目标探索自身所隐藏的属性。在了解过程中，通过表现与初期树立的强势形象截然不同的情感，如疲惫、隐忍等，展现出反差极大的一面，以此来激发目标的同情心及保护欲，使得与目标在情感上产生共鸣。

第三步着迷陷阱分为前期和后期，前期以暗示话术高压诱导 PUA 受害者，加速两性关系进度，当受害者向不良 PUA 使用者表白爱意、坦露心迹，便可进行下一步操作。后期先塑造自立自强但内心却渴望关注和温暖的虚假形象，以此来情感刺激 PUA 受害者，从而诱导他主动对其进行人格讨好、物质乞求，通过索取物质产品的方法，试探 PUA 受害者的经济实力和对自己的着迷程度，为下一步进行铺垫。

之后，不良 PUA 使用者开始对目标态度忽冷忽热，一方相继以情感需求提出不同程度的物质乞求和价值投资，一方不断服从以物质条件满足对方予以安慰，此过程中令目标认为双方距离迅速拉近，其至单方面认为达到了确立关系的阶段。下一步不良 PUA 使用者故意制造与之前伤心经历类似的场景，以欺骗他人、轻视他人、不尊重他人为由，对目标进行不合情理的指责。在此过程中占据关系的制高点，利用对方希望挽回关系的心理，先发制人设局引入加以情感逼迫。

当 PUA 受害者经历完摧毁陷阱的自尊摧毁后，不良 PUA 使用者可以根据个人兴趣选择进入感情虐待自杀陷阱。此时 PUA 受害者正处于自我意识模糊、理性思考能力较低的状态，不良 PUA 使用者便抓住机会向其认错，加以安慰，使 PUA 受害者回心转意、重新进入恋爱关系。恢复恋爱关系后，为了更深层次地控制 PUA 受害者，使其自我意识、理性思考能力丧失，难以切断该段关系，不良 PUA 使用者对目标实施周期性极端情绪交替进行的策略，讨好和折磨程度逐渐加深。对目标进行多次极端情绪的行为，让目标盲目相信为爱自残才是真爱的表现，最终使目标尝试自杀。

其实说得更简单一些，PUA 的原理就是打击你的自尊，摧毁你的独立思考能力，让你觉得自己一事无成，然后乘虚而入，让你对他产生依赖，让你觉得只有对方才能帮助自己，从而被对方操控，比如"你学习成绩太差了"，这是直接的批评，也是有些父母或者老师说的话，"你学习成绩太差了，需要努力加强基础知识的学习，并要辅助做一些习题来提升"，这是批评＋建议，是一种有效的建议和帮助，"你学习太差了，大家都嘲笑看不起你，只有我还不嫌弃你，你明白吗，我跟你说的都是为了你好，只有我才这么不计回报地帮助你"，这种就是典型的 PUA（精神操纵）。

在亲密关系中 PUA 也比较常见，比如"我爱你，可是你总是让我失望，我感受不到你的爱""我以前对其他男生 / 女生都不这样的，你应该感到幸福""你为我付出过什么？你为这份感情又付出过什么？还好意思说问心无愧？""我也是为了你好，只有我是真心对你的"以上是常见的亲密关系中的"PUA 语录"，从社会上出现的诸多新闻事件中，我们发现女性被 PUA 的占了绝大多数，其实任何人都有可能成为情感操纵的猎物，美国临床心理学家哈丽雅特·B·布瑞克拥有 30 年的执业经验，她在《操纵心理学》这本书里告诉我们：无论男女，都有可能深陷操纵的泥淖，受他人感情操控、侮辱，被拖拽进操纵者蓄意或无意的心理游戏中。一个人容易被操纵，说明他身上必定有着某些能够被别人利用的"弱点"，这些"弱点"被哈丽雅特·B·布瑞克称为："纽扣"。

第一个纽扣：你有取悦症——取悦他人的习惯和倾向，你可能在潜意识里认为，满足他人的需求就能获取爱和自我价值，使自己免于被抛弃，这种有点像我们经常说的"讨好型"人格的人。

第二个纽扣：你沉迷于获取他人的认可与接纳，假如你对别人的认可上瘾，就要永远面对失去别人认可的恐惧，而这种情况下，操纵者只需要两步就能完成对你的操纵：给你渴望的东西，以及威胁拿走它。比如在亲密关系中，你特别期待能够得到恋人的认可和肯定，但是内心没有安全感，因为你也不确定他是否会永远这样。

第三个纽扣：你有"情绪恐惧症"——你害怕负面情绪，在情侣产生矛盾后，为了避免争吵或者使矛盾更加升级，就会马上做出退让或者妥协，原因是极度害怕紧张不安的冲突局面，可是害怕冲突的心理被对方知道之后，就会在今后遇到矛盾或意见分歧时使用这种伎俩，比如特意提高声音，或者让你知道他的怒火到了爆发的边缘，这时你就不得不再次妥协，被操纵做出不愿意的决定或者行为，比如常见的，当情侣吵架时，女生会大闹并说"如果……就……"这时为了矛盾不升级或者不产生这一后果，男生则会示弱、道歉甚至做自己不愿意做的事情。

第四个纽扣：缺乏魄力，无法拒绝别人，生活中有些人就是"老好人"，不懂得如何拒绝别人，当别人提出请求或寻求帮助时，不会拒绝人，然后经常做出一些违反自己意愿的事情，但是如果你总是无法拒绝别人，就容易被别人利用这一点而操纵。

第五颗扣：湮没的自我，对自己没有清晰的认知，被操纵就会帮你定义"你是谁"，让你按照他需要的样子来认识自己。

第六颗纽扣：自我信赖意识低，即遇到事情、需要做决定，但是却没有自己的主见，总是向别人请教或者咨询，这样就容易被他人影响和操纵。

第七颗纽扣：外控制点，外控型的人普遍认为生活中发生的事情，更多由别人或外部因素引起，而非自己所能控制的，认为其他人比自己更具有影响力和控制力。

以上的"纽扣"理论帮我们认识到哪些类型的人容易被别人操控和影响，其实，PUA的核心就是一方掌握了亲密关系中的权力，通过持续的语言上、行为上的策略，来实现对伴侣的操控，所以我们需要清晰地辨析，处于哪种状态下就是"PUA"。

第一，制造愧疚感，最常见的操纵话术就是"制造愧疚感"，让你感到内疚，从而对他言听计从，比如对方说"你太让我失望了""都是为了你，我才失去了……"通过这些话术让你内疚，为了获取对方的认可和期待，弥补对方，就会逐渐被对方影响。

第二，打击你的自尊、自信，抬高自己，这种情况在现实中比较常见，比如对方有意无意地指出你的缺点，比如身材、长相、收入、家境等等，来显示自己的优越性，会让你产生不安、焦虑、自卑的心理，认为"自己不如对方"，逐渐使两人本应平等的天平变得倾斜，从而更加顺从对方。

第三，不断提出要求，但并不满意，比如你的恋人会给你提出一些请求，但是当你做完之后，对方总是表现得不满意，多次尝试之后，得不到对方的认可，也会让你觉得是因为自己努力不够，怀疑自己的能力，想得到对方的认可。

第四，降低自我价值观，对方否定你的情绪或价值观的合理性，比如你的恋人总认为你的想法不成熟，产生的一些情绪是不合理的，并且无视你的想法和感受，降低了你的自我价值感。

第五，操纵你的决定，比如恋人控制欲比较高，他们通过威胁、恐吓、情感勒索，来控制你的生活方式，限制你交友范围，限制你与朋友、家人的联系，甚至限制你的人身自由，让你觉得只有他才是你可以依靠的，只有他是对你好的，来达到控制你的目的，如果你感到无法自由地做出自己的决定时，你可能得考虑对方是不是在PUA你。

第六，无原则地赞美。恋人可能会在初期表现得对你很贴心，经常会夸你，说一些甜言蜜语，没有依据地赞美你，这个时候你就得警惕对方的"糖衣炮弹"，因为一旦你依赖了对方的嘘寒问暖，沉浸在"被关心"的甜蜜之后，你就逐渐担心这种感觉如果失去了怎么办，而对方也正好以此来要挟和操纵你，所以面对对方的赞美，我们需要保持头脑冷静，客观地看待自己的优缺点。

如果你发现遇到了以上情形之一或者类似情形时，就需要清醒和警惕起来，并且采取一些措施去应对，学会抗争，对 PUA 说"不"。

第一，关注内心感受树立自信心

操纵者会通过责备、否定、数落的方式使人失去自信，自我价值感降低，而被操纵的人则会感到压迫感和窒息感，认为自己是无力的，被紧张、抑郁的情绪所围绕，假如现实中你的恋爱对象经常这样对你，或者你有上述感受的时候，你需要静下心来思考：他说的是对的吗，有没有一定的事实依据？我难道就是错的吗？我能够认识事情的全貌吗？我到底是一个什么样的人，在恋爱中我的需求是什么？被他否定的时候我是什么样的感受？在这段感情中更快乐、自信了吗？通过关注自己的情绪感受，反复地思考，你会发现你可能正在经历一段不合适的恋情，他给你带来的是负能量，你要建立起自己的心理防线，不轻易被他人的言行所干扰，其次，你要明白每个人都有自己的闪光点和优秀点，而自己的价值不能由他人来定性和操控，然后努力地去寻找自己身上的优点，培养自信心。

第二，确立边界和底线

亲密关系中有些情感操纵者，会对恋人进行"服从性测试"，就是通过一些言行一步步地来试探你的底线，看看你的底线到底在哪里，如果你非常依赖对方，担心失去对方的爱，而为了他一次次地打破底线，那么他就会变本加厉地伤害和操纵你。比如你的恋人对你进行精神操纵，而你越陷越深却从未察觉时，你的好朋友提醒了你要当心，不要被恋人利用和伤害，你不以为然，甚至还想不通："我对他那么好，为什么他要这样对我呢？"在恋人关系中，我们真诚、用心地对待对方，可有些人就因为你对他好，才利用了这一点，你对他越来越好，你的底线也就越来越低，你对他的服从度和依赖性也就越高，所以在爱情中，一定要有自己的边界和底线，不然最终会使自己受伤害。

第三，巧妙处理对方不合理的请求

前文中我们提到了操纵者总是会让恋人做什么／不做什么，总是对被操纵者提出一些要求，遇到对方提出的不合理请求时，为了不使矛盾升级或者惹怒对方伤害到自己，你可以尝试《操纵心理学》中提到的几个诀窍："缓兵之计"，不要立刻回应，以打破"要求—顺应"的"常规模式"；"勤练话术"，重复好你准备的拖延时间的句子，而不要回答其他问题；"钝化焦虑"，降低你对焦虑、恐惧、内疚的敏感程度，努力控制自己的情绪，给自己正面的暗示；"揭露操纵"，给操纵者贴上标签，戳破对方的操纵企图；"拒绝要求"，不做对方要求你做的事情；"设置边界"，声明你的底线和边界；"协商技巧"，如果你发现对方在你对抗之后，发生了改变，这个时候你就可以跟对方进行沟通和协商。当然，你可要了解到，这七个诀窍是循序渐进的，在保障自己安全的情况下，依据对抗后的情况，逐步开展下一步，假如对方认识到你已经开始反抗他的精神操纵，而采取新的操纵模式后，一定不要被对方暂时的改变或退让所蒙蔽，也不要害怕和操纵者对抗。

第四，构建更多社会支持

一些操纵者会限制恋人的交友圈，控制欲非常的强，阻断恋人周围的社会支持，让其只相信和靠近自己，如果你也遭遇这样的经历，不妨试试重新建立健康的人际关系，丰富自己的圈子，不仅能够使你分散注意力，不把目光聚焦在恋人身上，也能让你在遇到困难时，有更多的人关心、支持你，给你更多能量，假如你因恋人的精神操纵感到痛苦而不知所措时，及时向家人、朋友、老师、同学、心理咨询师求助。

第五，不要留恋，及时止损离开对方

如果你察觉自己正在经历恋人的精神操纵，非常痛苦，而对方并没有做出任何改变，甚至变本加厉时，不要犹豫，及时止损离开他，不要觉得结束感情是一件痛苦，或者失败的事情，真正的爱情应该是相互支撑、依恋、信任、共同成长，长痛不如短痛，即使你很爱他，你们曾经有很多美好的回忆，但是你要知道你现在所经历的爱情是不健康的，拒绝"恋爱脑"，远离一段不舒服、不健康的关系，才能避免更大的伤害，以防悲剧的发生，远离对方才是你幸福生活的开始。

拒绝"PUA"，勇敢说"不"！

第十六节 ——
冷暴力，无声的伤害

在感情里，最怕的不是吵架，而是其中一个人热吵，另一个人冷对。

一个人虽然说出了所有的委屈，但本质上是为了让另一个人了解自己，为了彼此的情绪融合，而另一个却有话不说，闷在心里，用沉默来代替所有，也许是为了躲避更大的争吵，也许是厌烦了，不想争辩、回应，可实质上都让彼此之间情绪疏离，而一旦发生了这样的状况，就进入我们常常说的"冷暴力模式"，这往往也是最伤人的一种相处模式。

冷暴力是暴力的一种，表现为通过冷漠、轻视、放任、疏远和漠不关心，致使他人精神上和心理上受到伤害和侵犯。冷暴力本质上是一种排斥和精神虐待，法国精神分析学家玛丽—弗朗斯·伊里戈扬在《冷暴力》一书中，将采取沉默、拒绝沟通的一方称为施虐者，另一方称为受虐者。"施虐者通过拒绝直接沟通、言语歪曲、讽刺、嘲笑、轻蔑、否定人格等方式欺凌、控制受虐者，摧毁其自尊，改变其思维方式，使这种关系持续下去，并让受虐者无法逃离。"

亲密关系中的冷暴力有两种不同的具体情况，一种是将沉默作为攻击对方的方式，以获得自己在亲密关系中的优势地位，控制对方或是逼迫对方主动终止关系。另一种方式则更适合成为冷处理，"先把问题搁置，等大家冷静下来了再谈"，它是一个人在面对情侣的愤怒、沮丧或不知所措时，无法处理问题而采用的一种短暂应对方式，一般这种情况选择冷处理的多为男性，陷入了要求—回避型沟通模式，要求者多为女性，她们更容易生气、发火、指责对方，向对方施加压力来表达自己的情绪和诉求，而退缩者多为男性，习惯采用冷处理来应对女友的怒火，等女友发泄完毕，气消了之后，沉默者就会重新开口，解决矛盾和冲突。

产生冷暴力的原因有很多，但人们普遍认为，这和小时候的成长经历有关，根据之前我们讲到的依恋类型来看，"当我们在养育早期，被父母或重要他人在情感上漠视、忽冷忽热，甚至抛弃时，这样的体验会积累、内化成我们的一种防御系统"，而这种依恋类型就是"逃避型依恋"，在逃避型依恋者的世界里，所有的感情都是会失去的，为了避免这种失去的痛苦，他们会通过逃避，来减轻自己的痛苦，有时候"逃避"是一种自我保护模式。但是早期成长经历并不是成为逃避型依恋的唯一原因，有可能跟多巴胺能人格有关，天生多巴胺能比较强的人，并不具备强烈共情的条件，强大的多巴胺能，可以轻易切断自己与他人的情感关联。

那为什么会有人喜欢冷暴力呢？

第一，冷暴力是一种鄙视。擅长冷暴力的人，共情能力比较差，不担心对方因为沉默而崩溃，不管你受了什么样的委屈和痛苦，对方都不会在意，说明这段关系对他来说并不重要，这样的关系就像是钝刀子杀人，一时半会儿死不了，但是每天都会痛苦不堪，他用沉默应对你，让你反复思考，自己是不是哪里做得不对，典型的例子就是电影《无问西东》中刘淑芬和许伯常的故事，其中刘淑芬说的那一句话："外人只看到我怎么打你骂你，可他们不知道你怎么打的我，你不是用手打的我，是用你的态度，你让我觉得我是这个世界上最糟糕的人"，电影中，出身寒门的许伯常和刘淑芬年少相识，情投意合，订下婚约，刘淑芬任劳任怨用自己的能力供对方读书，本以为对方有了出息会一辈子对她好，但现实却往往非常的残酷，许伯常上完大学就变了，不想跟刘淑芬结婚，于是刘淑芬拿着刀到学校逼着许伯常娶自己，可这种逼迫得来的婚姻冷得让人窒息，许伯常选择用冷暴力来应对刘淑芬真挚的爱，他对所有人都挺温暖的，对学生更是热心，但转身对自己的妻子，却沉默寡言，家里用的东西他分得很清楚，从来不会用对方的东西，就连睡觉都是各自一床被子，本来应该互相慰藉生活在一个屋檐下的夫妻，变成了陌生人，后来刘淑芬忍不住这样的冷暴力，开始回击，通过打骂的方式唤起对方的回应，可她如何"闹腾"男人都没有任何触动，自己却落下了凶悍的名声，最终刘淑芬无法承受许伯常的冷暴力折磨，绝望之余，跳井自尽了，这段故事非常现实又很揪心，被最爱的人冷暴力，对她来说是一种致命打击。

第二，冷暴力是一种情感拿捏。他不联系你，也不跟你解释，让你抓狂，让你屈服，让你暴露需求感，哪怕你是打电话骂他，也算是暴露需求感，一旦你这样做了，他就占了上风，彻底被他拿捏了。当你主动联系他，你就成为他错误的铁证，为了合理化自己的行为，减轻他的负罪感，把错误转嫁到你身上，实施冷暴力者经常会说这样的话:"你要是爱我,你就应该这样做!""我从来都没有这么说过,明明就是你说的!""都是你的错",在他们的潜意识中,认为自己是没有问题的,他们知道只有这样才能让爱人妥协,而对于被冷暴力的人来说,这就是一种痛苦,明明很多问题的对错并不是绝对的,但在"施暴者"的冷暴力下,为了得到对方的回应,获得安全感,只能先低头认错,自然而然就把责任都揽到了自己身上。在恋爱中,有些情侣就通过冷暴力来拿捏对方,两人遇到争执时,一方不回应、不联系、不表态,其实就是为了等待对方主动地认错、联系,一旦对方主动联系了自己,就认为错误都在对方身上,露露就是这样子,每次和男友吵架之后,就删除微信,不接电话来表示自己的不满和反抗,不反思自己在争执中存在什么问题,总认为自己是女孩,对方如果爱自己,争执后就要男生来认错、让步,如果对方一直不联系自己,就一直僵持着,这其实就是一种情感拿捏,一种情感上的博弈,一旦对方联系自己、认错,就认为自己在感情中处于上风,是比较强势的一方。

第三,冷暴力是为了避免矛盾升级,这种模式前面讲过,主要实施冷暴力的多为男生,采用冷处理来避开对方的"火力",防止冲突升级。轩轩和女友是异地恋,每次轩轩和女朋友吵架的时候,女友都表现得非常激动、痛苦,还会哭诉非常后悔跟轩轩在一起,埋怨轩轩不能陪着她,不能帮她应对生活中的一些困难,可为了不让女友生气,使矛盾升级,轩轩总是选择沉默,认为沉默更容易解决两人当下争吵的问题,就形成了"就算说了也不能解决问题,还不如不说"的惯性,可女友认为轩轩不在乎她,爱使用冷暴力,明明自己都非常难过、生气,轩轩就是一言不发,她也希望轩轩能够安慰几句，哪怕是争吵一下，不要冷处理，也让自己能了解轩轩是什么样的看法和认识，可任凭她大喊大叫，轩轩都是不回应，沉默，她就像一拳打到棉花堆里面，两人因此矛盾更加加深了，等到女友每次情绪平复后，轩轩就来找她，就像之前什么事情都没有发生一样，这让轩轩的女友非常生气和恼火，认为轩轩就是不爱自己，才这样做。

第四，冷暴力是一种 PUA。冷暴力就像是 PUA 一样，当你迫切需要解释，需要对方安慰、需求一个情绪的宣泄口时，对方不仅用"装死"的方式来堵住出口，还用无视、冷漠加深了伤害，一点点地腐蚀着另一个人的自尊和安全感，吞噬着对方的热情和信任，然后使对方心中植入"我毫无价值、毫无魅力，糟糕透顶"的自我认知，然后逐渐积累了这种不良情绪，就会使对方情绪崩溃，每一个被冷暴力对待过的人，很容易从生气发展到愤怒，再变得歇斯底里。

有学生曾经向我哭诉，男朋友经常对自己使用冷暴力，被冷暴力之后，那种崩溃简直灭顶，感觉有一堆苦和委屈堵在心口，无处可说也无人愿意听，在情绪上头的一瞬间感觉什么事情都能做得出来，这种心理伤害太大了，每次被冷暴力后，都是一个人哭泣，哭累了就睡一会儿，醒了之后就继续难过，男朋友长期的冷暴力伤害了自己的感情，也让她怀疑自己到底有没有价值，为了不继续精神内耗，她选择了离开对方，不再委屈自己。

冷暴力是一种无声的伤害，有时候比热战、争吵带来的伤害更大，首先，会自我怀疑，怀疑、否定自己的价值，比如经常会想"我到底做错了什么，他要这么对我""难道在他眼里，我真的这么糟糕吗？"其次，会使被冷暴力者对亲密关系产生恐惧，只要跟对方产生矛盾，就会开始恐惧，恐惧对方的冷漠，做的事情却得不到回应，就会沮丧难过；最后冷暴力会使对方变得卑微，在感情里长期处于遭遇冷暴力的一方，会持续处于低位，变得越来越卑微，讨好对方，明明不是自己的问题和错误，可总是会主动缓和关系，低头道歉。面对冷暴力时，我们该如何应对呢？

在应对冷暴力前，我们需要辨别两种情况，一种是你经常使用冷暴力对待别人，另一种是你遭遇别人的冷暴力该怎么办？

假如，你自己习惯冷暴力对待别人，你认为自己不想跟对方沟通，不表达自己意愿的原因是：觉得说了也没有什么用，觉得说了对方不听，会使两人之间产生更大的冲突……那这种类型的解决的办法就是"说出来"，无论是有压力、不满、愤怒还是委屈，你都可以将这些情绪告诉对方，哪怕是吵一架，因为如果你不说对方永远不知道你心里想的是什么，只能通过猜测，这样只会让对方误认为你不在乎、不爱他，只会让关系更加糟糕，矛盾更加升级，最终双方都会受伤害，也不要担心吵架，吵架有时候也是解决应对冲突的一种方式，更不要担心对方一吵架就会分手、分开，假如一段情感无法承受吵架，总是要闹分手，则需要思考，这段感情是否是你想要的？

假如，你遭遇了冷暴力。

第一，停止自我攻击和自我辩解，在遭遇冷暴力时，需要理智地判断自己的处境，避免被对方操纵而不自知，你可以确信"我是好的""我没有做错什么"。

第二，判断自己面对的是什么类型的冷漠、冷暴力，理性分析对方是冷处理还是冷暴力，你可以问自己以下一些问题："这种沉默是否经常发生，并且持续时间很长。而且事后对方也不愿主动与你交谈？""是不是通常只有你道歉或者恳求,对方才会停止冷战？""和以前相比,你是否做了很多改变,可对方还是一脸冷漠？"假如对方是为了避免矛盾升级,而冷处理,则可以主动跟对方说你的想法,希望对方不要害怕争吵,用双方都可以接受的方法来表达自己,你可以跟对方主动对话,比如"我想跟你谈谈这件事""我觉得我们今天一定要谈谈这件事情,如果你担心吵架,那我们可以直接讲事实,不表达感受。"

第三,直面对方冷暴力,讲明自己的底线,不管对方是因为什么原因冷暴力,都需要直接表达自己的感受和痛苦,希望对方能够不再逃避,一起面对分歧和矛盾,假如对方一直不回应、冷暴力,则可以告诉对方,你的底线是什么,比如我可以接受你 2 天内不回复我的消息,但是超过 2 天咱们就彻底分手吧……这样不仅可以让对方知道你的底线是什么,也可以给对方一个时间,让对方有个情感、情绪、思维、应对模式调整和回旋的余地。

第四,积极调整自己的心态,面对恋人的冷暴力,我们需要树立其信心,给自己一些正向的反馈,不让对方的态度和冷暴力影响自己正常的生活,努力尝试把注意力专注到自己的身上,忙碌自己的事情,把自己的需求放在首位,重新发展一些新的兴趣或者重拾旧的爱好,扩大自己的交友圈,和更多的人保持联系获得情绪价值,设定自己的学习、生活目标,不用时刻守着手机看对方是否回复你的消息,看对方是否有联系你,转移注意力,做一些更有意义的事情,让自己充实和丰富起来,当你内心有了底气,有了足够的安全感,就算对方对你冷淡、疏离,都可以从容面对,逐渐淡化对方给你的伤害。

第五，尝试改变沟通方式，有时候对方选择沉默甚至冷暴力，是因为对方认为和你无法正常沟通，这个时候，你不妨跟对方进行心平气和地沟通，了解和明确对方的想法之后，适当改变自己的沟通方式，比如以前当你生气难过的时候，你会说："你总是不理我，我难过你一点都不在乎"，不妨换成"我知道你最近应该很累，但是我难过的时候，也需要你能陪伴我，让我感受到你的爱，悲伤的时候，我真的很需要你"，千万不要急着去控诉对方，说对方如何忽略你，如何不在乎你，否则只会让对方更加逃避你。如果不想轻易结束放弃这段感情，不妨换一种交流方式，可以通过："理解对方 + 表达感受 + 表达需求 + 期待回应"的公式，理解对方：即了解对方为什么会冷暴力，是性格原因还是想要发泄情绪，表达感受：我很难过、生气、委屈，表达需求：我希望你能看到我的情绪，感受到我的不安和需求；期待回应：我希望在接下来的相处中，我们都能够去尝试做出改变，如果你通过交流沟通，表达了需求和期待，而对方则依旧实施冷暴力，则需要采取另一种方式。

第六，及时止损理性退出，假如你长期被实施冷暴力，精疲力竭，经常内耗，而对方仍没有做出改变，依旧我行我素，特别是对方行为很严重，不仅仅只有言语上的冷漠和攻击，还有其他一些暴力倾向，这个时候就不要多去纠结对方是不是早期经历导致的"逃避型依恋"，还是因为对方生活、工作等方面遭遇挫折，向你发泄来表达情绪，不要给对方实施冷暴力寻找任何"合理化"原因，不要把自己当作对方的"救赎者"，也不要期待能够改变对方，事实上你一步步地忍让，都会换来对方变本加厉地伤害，这个时候你就需要考虑这样的感情是不是你想要的，对方冷暴力，你能够忍受多久，是否需要趁早远离对方，及时止损，恋爱不能靠一个人苦苦支撑，应该是互相成就和妥协的，所以如果你被这段感情和对方冷暴力折磨得心力交瘁，那么请记住——离开，才是最好的决定。

—— 第十七节
性与爱的微妙关系

古人云：食色，性也，顾名思义，男女之乐和饮食一样，是人生不可或缺的两件事。小李今年大三，性格乖巧、相貌姣好，自大学起和男朋友是异地恋，两人生活在不同的城市和学校，平时感情较好，性格相投，互相鼓励一起进步，畅想着美好的未来，逢年过节时小李和男朋友都会抽空去见彼此，高铁票攒了厚厚一沓。每次相见时，男朋友都有性需求的暗示，可小李比较传统，认为性是美好的，想要把"第一次"留在洞房花烛夜，男朋友虽然不高兴但也表示尊重，但为了顾及男朋友的性需求，发生过几次边缘性行为。但近期小李却发现男朋友冷淡了很多，经常联系不到人，偶然的机会在微博上看到了男朋友和另一个女生的亲密合照，才知道因长期异地忍受不了寂寞，男朋友劈腿了。小李知道后很痛苦，曾经的种种誓言和美好未来设想，一切都坍塌了，也困惑难道发乎情、至乎理的柏拉图式恋爱难道不存在吗？谈恋爱就一定要有性吗？但也正如小李困惑的一样，这一章节我们一起来聊聊：爱和性的关系是什么？有爱必须有性吗？爱和性如何平衡？

两性性欲到底是怎么产生的呢？可以在身体里探索到性欲密码，性需求从青春期的开始伴随而来。青春期男性和女性身体内的荷尔蒙激素水平逐渐提高，导致性机能趋于成熟，使得性需求日复一日更趋强烈，如果性需求受到压抑，则造成了青春期性焦虑。男性性欲以生殖器为中心向人体四周扩散，女性性欲则从身体四周集中到生殖器。男性解决性需求的方法为渴望性交并且通过射精带来快感。女性则可以通过性幻想、爱抚、接吻和性交等多方面源泉来满足性需求。性欲的发生与两性的生理基础有关：其一是由性激素、性腺所构成的性内分泌系统，它维持两性性欲的基本张力和兴奋性；其二是由大脑皮质、脊髓兴奋中枢及传导神经组成的神经系统，它们保证机体对环境的及时有效的反应能力。

很多人可能不知道，其实我们人体自身能够产生"爱情药"，当男女第一次渴望对方的时候，会分泌所谓性荷尔蒙的睾丸素和雌激素。当这个渴望持续进而坠入情网的时候，会分泌多巴胺和羟色胺。如果到了下一个阶段，男女因关系持续而渴望更加亲密，进而发展成性爱，这时候大脑会分泌出脑垂体后叶荷尔蒙，又称为催产素。

身体中的多巴胺，是人们爱的幸福源泉，当一对男女一见钟情或经过多次了解产生爱慕之情时，丘脑中的多巴胺等神经递质就源源不断地分泌出来。于是，我们就有了爱的感觉。如果说大脑中心——丘脑是人的情爱中心，其间贮藏着丘比特之箭——多种神经递质，也称为恋爱兴奋剂，包括多巴胺，肾上腺素等。多巴胺能左右人们的行为，还参与情爱过程，激发人对异性情感的产生。

多巴胺是传递快乐信息、维持性欲的主要神经递质。多巴胺激发人们对异性的情感。2000年诺贝尔生理医学奖获得者瑞典的阿尔维德·卡尔松的研究成果说明，多巴胺不仅有左右人们行为的作用，也参与了人的情爱过程并激发人对异性情感的产生。美国俄亥俄大学骨医学院临床教授 Dudley Chapman 说："性交促进多巴胺的产生，而多巴胺是与性欲有关的主要激素。"多巴胺使情侣感觉爱的幸福。人的脑组织中多巴胺含量降低，会使男性的性欲下降，甚至阳痿；使女性的月经周期紊乱，性欲下降，阴冷，甚至产生不育症。

在多巴胺的作用下，我们感觉获得幸福。人们品尝巧克力时或吸毒瘾君子们在"腾云驾雾"时，所体验到的那种满足感，都是同样的机制在发生作用。幸好，我们的大脑能够区别彼此之间的不同。多巴胺好像一把能打开许多锁的万能钥匙，根据所处情景不同，在体内产生不同的反应。巧克力的气味、口味告诉大脑，我们正在吃东西；情侣的体味和香味提醒大脑，我们正深陷爱中。

多巴胺带来的"激情"，会给人一种错觉，以为爱可以永久狂热。不幸的是，我们的身体无法一直承受这种刺激，也就是说，一个人不可能永远处于心跳过速的巅峰状态。所以大脑只好取消这种念头，让那些化学成分在自己的控制下自然地新陈代谢。这样一个过程，通常会持续一年半到 3 年。随着多巴胺的减少和消失，激情也由此变为平静。因此，从理论上说，正在热烈相爱的情侣，要想在性爱的感情方面"海枯石烂，永不变心"，是不可能的。

催产素——保持忠诚的爱，在发生情爱关系时人的大脑会分泌出脑垂体后叶荷尔蒙，又称为催产素。催产素不是只在男女发生情爱关系时才产生的，它在母亲喂乳时也会产生。而且对女性而言，母爱和爱情是一样的。

大约 20 年前，美国的神经内分泌学家休·卡特开始研究大草原上的田鼠，以弄清这种生活在美国中西部平原的啮齿类小动物为什么是自然界最伟大的浪漫主义者。大草原田鼠在交配后终生保持"一夫一妻"制，雌鼠雄鼠共同养育后代，过着田鼠版本的幸福家庭生活。这在自然界中实属罕见：只有不到5%的哺乳动物表现出"一夫一妻"和双亲行为。

性学专家泰勒提醒人们，催产素的力量和影响范围令人着迷，但它对人类情感的作用却绝非简单的话就可以概括。泰勒指出：很多人说，"催产素是亲热激素"，或者"催产素是爱情激素"。其实，催产素要难捉摸得多。它与心理学的种种状态并没有——对应的关系。要把这些分子与特定状态对应起来很困难，也存在某种危险。

有些专家认为，催产素与身体天然产生的"鸦片"有协同作用：催产素启动依恋他人的愿望，类鸦片活性肽则提供与爱人在一起时那种温暖陶醉的感觉。类鸦片活性肽与催产素的关系强调了泰勒关于"爱情药"简化法的观点。民间传说和文学作品中随处可见关于"爱情药"的故事，但实际情况也远远没这么简单。生物基础决定大脑能创造并维持我们所谓的"爱"，但其原因却不能简化为一个分子。催产素和类鸦片活性肽之间存在相互作用。大草原田鼠的大脑解剖表明，多巴胺与催产素之间也有紧密的关系。更重要的是，催产素的影响可能因雌激素得到加强，因而雄激素得到减弱。这或许有助于解释男女两性在压力之下的不同反应。爱或许并不像民间所说的那样存在于内心，但也并非依赖于某种单一的分子。当我们感受到让我们心潮澎湃的男女之爱或父母之爱时，我们大脑的化学物质正在发生复杂的相互作用，引发着大脑特定区域的各种活动。催产素对这种相互作用至关重要，但却不能代表一切。

男女性差异首先体现在不同年龄段性欲差异上，正如下图所示，男性和女性的性欲和年龄密切相关：对男性而言，20 到 30 岁，男性逐渐摆脱了青春期初到时的尴尬与不安，身体逐渐成熟，各方面机能处于旺盛的顶峰阶段，特别是性活动能力更是达到了巅峰状态，据统计，25 岁之前，男人平均一天勃起可以高达七八次，所以处于性欲亢奋的 20 多岁，男性快感强且高潮后容易重新兴奋。而 20 多岁的女性刚开始对自己的性感受有所意识，处于朦胧阶段，性欲不强烈。

睾酮在 30 岁之后会持续下降，到 35 岁左右，性欲下降可能会以每年约 1% 的速度加速，每一次性唤醒的时间间隔会变得更久，而且对于性的渴望也会逐渐减少。同时由于工作压力、家庭负担和其他事情的压力，肌肉张力减退，"能力"也会减弱，持续时间缩短。相反，女性在这个年龄段是性欲高潮所在，更了解自身感受，也更主动。

男性跨入 40 岁的门槛，性欲减弱，身体的主要器官开始出现衰老迹象，头发也变得稀疏，性需求降低。但女性 40 多岁，雌激素水平开始下降，雄激素含量上升，体内荷尔蒙的可能会造成停经前期——真正停经的预演，随着这个年龄段生殖部位血管系统的加强，女性对高潮的体验会更加猛烈，性欲增强。

50 岁以后，随着年龄的增长男性衍生出健康问题，比如心脏病、糖尿病、肥胖症等，导致性生活变得困难，需求降低，而女性进入更年期甚至老年期，雌激素水平下降，性功能退化，对于性的需求减少。

年龄	男性	女性
20 岁到 30 岁	男性处于性需求的巅峰时期，快感强，高潮后容易重新兴奋。	女性处于腼腆、拘谨和害羞的心理状态。
31 岁到 40 岁	男性性能力下降，控制性能力增强，能满足女性性需求。	女性冲破心理障碍，懂得如何满足自己以达到性高潮。
41 岁到 50 岁	男性性需求降低，性兴奋迟缓，性交经验更丰富，更容易满足女性。	女性性欲增高，女性性需求达到顶峰。
51 岁到 60 岁	男性性需求开始逐步减少。	女性性需求明显减少。
61 岁到 70 岁	性功能退化，性需求依然有规律地存在。	性功能退化，性需求有规律地存在。
71 以上	男性性需求减少，仍少量性生活。	女性性需求减少，少量性生活存在。

其次，男女在性欲表现上也存在差异，男性的性冲动多数是自发的一种生理本能，而女人的性冲动，多数是通过诱导性的行为才能产生，比如爱抚、拥抱、接吻等。男性和女性看待性亲密度和情感亲密度的权重也是不一样的，大部分男性会觉得，性生活和生理上的亲密比情感亲密更加重要。而大多数女性会觉得情感上的连接、爱和温情比性生活更重要。因而，当男人感到和伴侣之间的关系疏远时，他们会想用性来进行连接。而女人通常需要感觉到彼此之间有爱的情况下，才会想要发生性行为。那么两性间的问题就更凸显了：男人希望用性来作为一种重新连接关系的方式，而女人希望首先改变两人间的氛围。不仅是以上这些，性爱和现实生活环境同样相关，包括工作、生活等都会对性关系产生影响。单纯地用性来衡量爱不爱，和有没有性吸引力的问题，就过于片面了。

影响性欲的原因是多方面的，主要有以下几点：第一，遗传因素，性欲的强弱也可能是受遗传因素的影响；第二，荷尔蒙水平，雄性荷尔蒙对性欲的影响最大，如果体内雄性荷尔蒙偏低，不管男女，性欲均会减退；第三，感觉上的刺激，借助于视觉、味觉、听觉、嗅觉、触觉等感觉，可以唤起男女神经的兴奋，从而唤起性欲；第四，以往的性经验和社会经验，过去有愉快的性经验和社会经验的人，较易唤起性欲，反之，便较难唤起性欲；第五，性生活后复原的时间，很多人在性生活高潮后，需要一段时间才能再唤起另一次的性欲，而这段时间的长短也因人而异；第六，环境因素，如环境的气氛、温度、季节、饮食多少，有无服用药物等；第七，文化影响，伦理、法律等对人的约束力；第八，精神状态，如忧虑、恐惧、愤怒、挫折、疼痛、不舒服及困惑等；第九，年龄因素，一般而言，男性在18—25岁时，性欲最高涨，而女性则在35—40岁性欲最高涨。但随着年龄增加，雄性荷尔蒙的减少，皮肤反应迟钝，性器官血液循环较差及生活压力都使人的性欲减退；第十，身体健康情况，只有健康的身体才能维持正常的性欲。如患有疾病（如内分泌疾病、生殖器官的疾病及其他消耗性疾病），都足以令性欲大受影响。

爱情和性是一个互为纽带的矛盾统一体，性和爱看起来简单，实际分析起来很复杂，一个来自心理、一个来自生理，它们互相独立也可以统一完整，因人类生育特点和男女思考方式不同，可以把爱情和性分为多种情况：

模式一：本能，这一种模式下男女之间可以没有爱而性，前提是双方都愿意并不需对方对行为负责。主因是人的生理需求而引发的一系列主动或者被动行为，在这点上，谈不上谁对谁错，这是人类繁衍生息最基本的本能，虽然谈不上对错，但是如果双方主体各自有家庭，那就违背了人类基本的伦理道德了，我们不提倡这种行为。

模式二：有爱有性，这个常见于家庭、网恋和情侣之间，我们都知道，在有爱情为背景的交往中，性以爱的具体形式出现，它能和谐关系，促进感情，在这样的关系中，爱与性都很重要互为补充，但如果发生婚外情就另当别论。

模式三：有爱情无性，即"柏拉图式的爱情"，柏拉图认为，人身上有两种生殖力，身体上的生殖力和心灵的生殖力。身体上的生殖力，即肉体上延续后代，但肉体上的两性爱不是真正意义上的爱情，只有心灵的生殖力，才是真正的爱情。无性恋者约占世界人口的1%，与其他性取向的区别在于，性吸引和浪漫吸引在无性恋者身上可以相互分离。无性恋者恋爱的动力源于浪漫和依恋，发生性关系在他们的体验中是可有可无的，甚至是毫无必要的。

模式四：有性无爱这样的情况有点类似于本能，但也有区分，多发生在权钱交易、特殊群体和利益链。权钱交易和利益链不用过多解释，都是人类私心和心理欲望引起的，主体之间会构成一些默契，去实现某一目的。

—— 第十八节
让异地恋不说再见

"人的一生，大概率会遇到 2920 万人，而两个人相爱的概率只有 0.000049。"我们能在千万人中与爱的人相遇，当面对几百、几千公里的空间距离，爱情却变得犹豫了起来。有人说熬过异地恋就是一生，有人说这辈子再也不要谈异地恋了。

距离、生活圈差异、缺位的陪伴等等让异地恋情侣面临着种种困难，使原本甜蜜的爱情布满荆棘，甜甜是我的大学同学，在大二的时候终于鼓起勇气对有好感的成成告白成功了，两人经历了美好的校园爱情，可到了毕业季，现实就摆在了两人中间。甜甜因为是独生女为了父母选择留在本地就业，成成选择去南方城市读研究生，两人开始了异地恋模式。异地恋一开始，两人每天都会视频、打电话，互相分享开心和快乐，也吐槽科研和职场的不易，仿佛距离并没有让两人生疏，反而更加珍惜和对方在一起的每一刻。可随着成成科研压力的增大，两人生活圈子的差异，成成责怪甜甜不理解实验任务重、毕业压力大，甜甜抱怨自己需要对方时成成总是不在，在自己生病时成成也只是说"多喝点水"，持续的争吵使得两人联系的频率和时间逐渐减少，而甜甜身边也遇到了一些男生时常搭讪自己，遇到一些志趣相投优秀的男生时，甜甜也在犹豫是否要继续维持这摇摇欲坠的异地恋，可一想到两人曾经在一起的美好回忆，又觉得心有不甘。新冠疫情发生后，两人也无法像以前那样几个月见一次，让本就相见不易的恋人更是困难重重。

许多最终说再见的异地恋让很多人望而却步，异地恋为什么会容易导致分手呢？

强烈的孤独感是异地恋人面临的最大困难，前面我们谈到情侣之间如果想要爱情保鲜需要保持适当的距离，距离产生美，可是还有一个前提是：两人生活在一起的时候。对于许多异地恋的情侣来说，隔着手机屏幕谈恋爱，无法在第一时间感知对方的情绪，无法做到感同身受，距离感、孤独感是两人最煎熬的事情，若生活风平浪静还好，若是一方遇到困难、情绪失落甚至是生病时，孤独感就会一下涌上心头，一方无力，一方失落，而在异地恋中，女生承受的心理压力远比男生多得多。小雨和男朋友谈异地恋以来，每天都有分手的念头，打电话永远都是在忙，聊天时突然就断了联系，再次联系就是几天后，有次小雨生病大半夜独自一人上医院，周末时身边的朋友都会和男友去玩、约会，而自己却是一个人，为了逃离周围成双成对的情侣，小雨只能独自一人背着书包，走进图书馆，也唯有陷入学习才能让她忘记孤独，街上女孩们能够兴冲冲地拉着男朋友奔向"第二杯半价"的奶茶店，可这对小雨来说就是奢望，没有恋人在身旁，孤独感充斥着思绪，也怀疑恋爱到底是为了什么。

信任危机给异地恋带来了风险和猜疑，大一女生小湘曾向我求助时讲到高考结束后她和男友去了不同的城市读书，异地恋这三个月以来，她每天都是提心吊胆的，因为男朋友非常优秀，而且很帅，比较容易吸引异性，每天都在担心他变心了怎么办，被别人抢走了怎么办，所以为了避免这样的情况发生，小湘每天都会打电话查男朋友的岗，久而久之，男朋友就会变得越来越不耐烦了，虽然小湘也知道自己这样不太好，但是真的很害怕失去他。信任和忠诚是恋爱的基础，可距离让小湘和男友的感情产生了猜忌，使感情出现了信任危机，越是相爱这种危机就越存在，当给对方发了信息对方没有回复，当打通电话时对方突然挂断，当对方社交账号上发现陌生异性点赞时，当对方朋友圈合照中旁边站着陌生异性时……也许对方只是在休息，也许是有急事打断电话，也许对方并不认识所谓的异性好友等等，但这些琐碎的小事，却埋下了怀疑和猜忌的种子，一点蛛丝马迹都会让人疑神疑鬼，一方怀疑、猜测没有安全感，时刻都想知道对方在做什么，跟谁在一起，做了什么……，另一方不停地报备、解释、排解误会，让关系变得剑拔弩张，有些可能是过度紧张，有的可能就有迹可循、成为事实，信任有且只有一次，失去了就很难再找回来了。

异地恋下，因为生活、工作的圈子不同，每天都在做不同的事情，和不同的人打交道，圈子不同、步调不同，使两人的眼界产生了差异，沟通话题也越来越少，不能够实现同频互通，另外，当一方兴高采烈地分享今天和谁怎样、发生了什么样的趣事时，对方却无法做到感同身受，电话那头眉飞色舞、兴致勃勃，电话这头一句"哦"的回应可能使灿烂的心情立马变得乌云密布。当生活中遇到困难想和对方分享交流时，一个电话中断，负面情绪就只能自己消化，等再次接通时传来对方的一句"你刚才说的什么来着？"或许刚才心中还有千言万语、万般委屈想和最爱的人一吐为快，想得到对方的鼓励和安慰，可在此时一切也都不重要，也不愿再谈起，因为一切都过去了，也没有谈的必要，情侣间可聊的话题越来越少，沉默越来越多，联系频次逐渐减少，谈着谈着感情就淡了，偶尔聊起天来，只是一句"你吃饭了吗"，就像陌生人那般。

很多人异地恋人选择分手是觉得这段感情看不到未来，很多人也没有那么大的勇气将时间、经历和青春花费在未知的事情上，觉得现在都遭遇巨大困难，现在过得都很难，怎么敢期待以后，特别是当两人对于未来的规划产生分歧，或者发现对方的规划里原来没有自己，则会更加失望。因为很多人说过看对方是不是真的爱你，关键在于对方的规划里，有没有将你纳入其中，因此许多原因让相爱的人暂时分开，可对方的未来规划全都是围绕着另一个人，那么即使异地恋多么辛苦，都会值得。可对于异地情侣来说，有时候承诺显得苍白无力，比如我会给你美好的未来，以后我们会结婚，等我，很快我们就可以见面了，结束异地，可因为这样或那样的原因，归期一次次地推迟；快过生日了我会来找你，我们也像其他情侣一样，去你想去的餐馆、喝你心心念念的"第二杯半价"奶茶，可生日已过仍不见对方的身影，承诺太多，却实现得少，不能说一方不爱或者是欺骗，也许有许多情有可原，可一次次的期待和幻想破灭，也慢慢耗尽了彼此心中仅存的一丝坚定和勇气。在这种情况下，因为对未来不确定，对未来缺乏信心，也忽然得知坚持的、奔赴的目标没有意义，没有把握确定这场艰难的爱情会不会有好的解决，使这份两人的爱情最后只剩下一个人。

听完我谈了上述的观点，有人可能会觉得很悲观，认为异地恋一无是处，看到的全是消极和悲剧，原本打算开启一场异地恋，却不敢再继续，踌躇不前，不确定自己是否有开启异地恋的勇气，也没有做好未来是否会"输"的准备。难道异地恋真的是洪水猛兽，不可涉足吗，异地恋都是以抱怨、背叛、争吵、失败结尾吗？那倒也未必，因为我身边也有很多熬过了异地恋，就是一辈子的故事。

梅梅和恋人从在一起的那一天开始就是异地恋，而且还是军恋，到今天为止已经 11 年了，他们一起度过了七年之痒，11 年，在其他人看来这是一段什么神仙爱情，竟然在这漫长的时光里两人仍不离不弃、互相支撑，感情因岁月的沉淀反而历久弥新。可是他们也像其他异地恋情侣一样，经历过对异地的抗拒、激烈的争吵、对未来的迷茫，也曾无数次地怀疑是否有坚持下去的必要，可每当自己坚持不下去想要放弃的时候，发现其实当自己在承受异地恋的孤独时对方也是，当自己抱怨没有人陪伴的时候，对方也是一个人，两人都承受着异地的苦，客观原因也无法暂时改变异地的现状，而且他们也发现无法接受对方从自己的生命中脱离出去，异地恋的辛苦在失去对方面前真的一文不值，所以他们释怀了。经历了从校友到恋人、恋人到夫妻、夫妻到"战友"的蜕变，互相激励成长，督促对方学习，在一方情绪低落时努力做到不缺位，一起期待美好未来，制定三年计划五年规划，只为等某一天终于在一起时，都是最好的自己，为了这个目标，他们还在努力着。

听完这个故事，正在或将要经历异地恋的你，是否有了力量呢，为什么有人在异地恋中有圆满结局呢？懂得对方的不容易，珍惜彼此的付出，主要还是因为"爱和经营"。如果足够爱，两情若是久长时，又岂在朝朝暮暮，每一次的相逢都是久别重逢，当朝思暮想终于能够在一起，哪怕是短暂的几个小时，所有的等待都是值得的，更加珍惜对方，这是异地恋的苦，也是异地恋的甜。反观同城恋，即使能够见到这个人，每天能一起吃饭，待在一起，可低质量的陪伴和话不投机半句多的相处，与几年的等待换来情投意合的爱人相比，哪个更值得期待？异地恋一气之下分手，一个人安静下来回味曾经的美好，一切"此情可待成追忆？只是当时已惘然。"的故事也比比皆是。所以我建议在异地恋之前要慎重思考，不要冲动轻易开始一场异地恋，因为真的很苦，需要承受很多，可当下定决心要和对方一起面对时，则要全力以赴，"好好经营"异地恋。

让异地不说再见，经营好异地恋也需要双方一起努力，共同努力尽快结束异地状态是首要解决的难题，当身在不同的城市，距离使感情产生隔阂，所以就需要情侣们一起努力尽早结束异地恋，如果因为读书、深造不得已分隔两地，那可以约定争取多久见一次，毕业之后争取能够在一个城市工作生活；如果因为事业，那就需要两人沟通协商目前的事业规划，通过工作调动甚至是一方到另一方的城市去生活；如果是因为父母、家庭，则可以用诚心和真情，打动家人，看到你们的真爱，获取家人的理解和支持；如果暂时因为不可抗拒的因素无法结束异地，那也不要灰心，为未来持续谋划着、尽早地缩短异地时间，如果真爱一个人，我相信你就翻山越岭，上天入地斩蛟龙，爱他，自然会有很多办法来解决分开的问题，打破时间和空间对爱情的阻挠。

良性且稳定的沟通频率，不仅能够给对方安全感，也能够使双方在不同环境中增加了解，增进感情。在不影响生活学习的前提下，可以尝试约定固定的沟通时间和频次，保持每天都能联系，哪怕遇到事情无法联系也应提前告知对方，减少等待和猜测。耐心倾听对方分享的开心或不开心的事情，当彼此坚固的"大本营"，努力了解对方周围的环境、圈子，虽然圈子没有直接的交集，但也能对彼此在异地的生活不陌生，减少生疏感。当感情中出现危机和争吵时，要正面矛盾，减少冷战和回避，理性分析分歧和争议，在沟通中解决问题，让矛盾不堆积。

恋爱不是单方面的付出，需要双方共同经营，需要巧妙地向对方表达爱意，异地恋使恋人不能整体待在一起，只能通过网络、语言表达感情，所以就不能吝啬表达爱意，大胆说出自己的感受，让冰冷的文字也变得生动有爱，比如思念对方时，就直接告诉他 / 她。学会给对方制造惊喜，比如瞒着对方突然出现在他眼前，在"非特殊"的日子里，为对方精心准备小礼物，或者给对方寄点东西，为他 / 她点个附近的美食外卖，这些小心意不只是平淡生活的点缀，使感情充满生机和活力，也可以让对方知道你时刻在想着他、关心他、心里有他。如果经济不允许，则可以尝试给对方写信，将爱意流淌于笔尖，当对方翻开书信的那一刻，感受到你就在身边，用不同以往的表达方式，让对方感受到爱。

如果你真的珍惜对方，认定了对方是共度余生的良人时，不妨给予对方有效性的承诺，异地恋的时候，我们要时刻让彼此感知到未来并不是遥不可及的，让对方清楚两人终有一天能够结束异地，这就需要去制定规划，目标不一定很宏大，但一定要可实现，事事有回应，聚聚有着落，比如一起约定下一次见面后的计划，在对方重要时刻陪伴在身边，把对方介绍给身边的朋友，春节带对方回家见父母，计划再奋斗一年就结束异地，再攒一年钱就买房结婚等等，不让失望落空，让对方看到你的努力，让期待变成现实，让信任经得起考验，也让对方更加坚定维持异地恋的信心。

　　距离加大思念的煎熬，如果情侣在闲暇时，时刻关注手机，生怕错过对方的消息，时刻都想知道对方在做什么，想把对方牢牢抓在手中，一有时间就想联系对方，过度的关注，将生活重心放在对方身上，不仅会逐渐迷失自己，也会无意间将自己的喜怒哀乐完全绑定在对方身上，也许一些人会认为这是爱，是在意，是表达重视和关心，但却会使远方的爱人感到压力和不耐烦，让爱情变成了枷锁，成了密不透风的城墙。所以不妨试试转移关注重心，有自己圈子，当对方忙碌无暇联系时，做一些平时不常做却非常有意义的事情，安排好生活学习，让自己变得充实且健康，努力在各自的空间内提升自己，再见时都是最好的对方。

　　异地恋有苦有甜，有喜有忧，有分离之后的牵肠挂肚，也有重逢后的深深拥抱，也正因如此才能让人倍感珍惜，等以后你就会发现，异地恋将是你一生中少有的坚持，因为跟他在一起的时光里，你拒绝了所有人的青睐，坚守了初心，只为了能和爱的人长久厮守，愿所有的异地恋人们能够爱得够久，愿你们能打败时间和空间，共赴下一场山河。

—— 第十九节

分手后，下一个会更好？

近期小颖哭哭啼啼地跟我吐槽说："好累啊，我只是让他少跟哥们一起打游戏，多陪陪我，他就说我要求多，没有给他空间和自由，可是在追我那段时间，他天天都黏着我，我有一丁点不开心，一告诉他，他就会立马放下手上的事情，来陪着我，现在变化太大了，过了热恋期，就开始冷落我，而且闹别扭之后，更不像以前那样顺着我、宠着我，来给我道歉，他现在就是变心了，不爱我了，我想跟他分手，重新找一个爱我疼我让着我的。"当我问她："分手后，下一个就一定会比你现在的男朋友好吗？"小颖就沉默了。

有人曾说过，再好的婚姻，一辈子也有 200 次离婚的念头和 50 次掐死对方的冲动，其实在恋爱中也是这样，热恋期的甜蜜总会让人沉浸其中，感到幸福，认定了对方就是那个对的人，可是热恋期一过，各种矛盾就开始浮现出来，以前无话不说，一点小小的事情能够让人开心，想急切地跟对方去分享，如今却无话可说，好不容易找到了一个话题，却被对方一句"哦"敷衍过去，再无继续聊下去的打算；以前嘘寒问暖、一叫就到，现在总是说自己很忙，有事情要做；以前各种纪念日、节日，鲜花、礼物如期而至，现在就算是提醒了对方，却被一句"那些东西都虚得很，不实在"敷衍过去了。

长此以往，前后反差较大，就会给人一种错觉，特别对于缺乏安全感的女生来说，越来越感受不到对方的在乎和爱意，两人之间的矛盾越来越多，争吵也越来越多，这个时候有些人就会想："如果当初我没有跟对方在一起，是不是就不会这么痛苦了？"假如身边有一个"智囊团"愤愤不平，规劝"拜拜就拜拜，下一个更乖……"则更加剧了"分手后，下一个更好"的想法，可事实真的是如此吗？

其实回答这个问题，需要依据情况而定。

第一种，有可能，挥别错的才能和对的相逢

假如你目前在感情中总是感受不到幸福，快乐，也明显对方对你并不上心，甚至出现了一些原则性问题时，你就要问一问自己："这段感情到底带给了我什么？如果长此以往，我能一直坚持下去吗？"也许你前后对比了对方的反应和态度，也怀疑这段感情还要不要坚持，但是一想到两人在一起已经很多年，付出了很多的情感和时间，和对方也适应了，认为："如果分手了，我就再也遇不到像他这样的人了"，这种对未来的不确定性和现有的习惯，让很多人在分手边缘犹豫徘徊。

我曾遇到一个前来咨询的女生佳佳，炎炎夏日，她却把自己包裹得很严实，在我的询问下，女生哭了起来，原来刚刚男朋友跟自己"动手了"，事情的缘由是，前段时间佳佳发现自己男朋友有点"怪"，平时聊天的时候，他总是很晚才回复，本来说好的周末要一起出去吃饭，庆祝两人在一起一周年，可到了周五的时候，男友支

支吾吾说自己要做实验，脱不开身，要是平时佳佳可能就不在意了，但一周年纪念日是多么值得纪念的日子啊，一年才一次，所以佳佳就有些生气，在男友道歉和软磨硬泡下，两人将周末约会延期到了下一周，周六佳佳舍友在微信上说："佳佳，你好幸福啊，你男朋友对你太好了，今天是你们在一起一周年吧，我刚看他在学校附近的花店，买了一束大大的玫瑰花，然后去往学校'情人桥'那边去了……"佳佳没有来得及看舍友后面的聊天内容，感到整个人都蒙了，今天是两人的纪念日不错，可男友不是说自己很忙，推迟了聚餐，这会儿怎么会捧着鲜花去"情人桥"呢，想起男友最近对自己忽冷忽热，敷衍，说自己忙，佳佳心中已经有了答案，可是她心里却不甘心，想要一探究竟，当来到桥边时，果不其然，男友和一个女生走在一起，鲜花正在女生的怀里，那个女生满脸洋溢着幸福快乐的神情，佳佳出现在两人跟前时，男友瞬间惊慌了，一直给她解释，但这个时候无论说什么佳佳都听不进去，破口大骂两人，并上前想要跟女孩理论时，男友情急之下便扇了佳佳几个耳光，几记耳光打醒了佳佳，也使这段感情中止。随后几天，男友找过几次佳佳，并向她道歉，说自己只是一时激动伤了她，和那个女孩子也并不是真心的，自己爱的还是佳佳，希望佳佳能够给他一次机会。佳佳很生气，但也会想起两人在一起一年的日子，虽然有一些争吵，可自己从来没有想到会是现在这样的结果，心里有一些忧虑："是不是自己做得不够好，男朋友才开始厌弃自己，跟别的女生在一起；以前和男友甜蜜的爱情，被朋友们称赞为神仙恋情，分手了身边的人会不会笑话自己；平时自己有点娇气爱使小性子，分手了，会不会再也找不到能迁就自己的人了；对方已经诚恳道歉，并且跟那个女生断了往来，还要不要给男友一个机会，给两人一年的爱情一个机会……"现在越想越犹豫要不要跟男朋友分手。

其实佳佳有这样的纠结和犹豫属于正常的心理状况，担心别人对自己的看法，反思男友"劈腿"会不会是自己的原因，男友道歉后心软担心未来不一定能找到合适的人，但是我却开导佳佳，去思考自己在爱情中的底线是什么，回答跟很多人一样："欺骗、出轨和暴力"。

"宁拆一座庙，不毁一段情"，可假如一个人挑战了恋爱中最起码的底线和原则，如果因为心软，原谅对方，那可能以后对方还会出现多次类似的行为，假如两人之间产生了不可调和的矛盾，如果还继续在一起，延续感情，那最终会是委曲求全后的痛苦和争执，所以，当你正在纠结要不要分手，分手后会不会遇到更好的人时，不妨理性分析、审视一下现在感情，如果这段感情带给自己的总是痛苦、负面能量时，就不妨先尝试放手，要有离开当前破碎感情的勇气，也有迎接未来的期盼和笃定，或许挥别错的，才能和对的相遇。

第二种，仓促分手 / 遇到矛盾就分手，可能会失去一段值得的爱情

前文讲到要有离开破碎感情的勇气，但并不是说我们一遇到矛盾，就要分手找下一个。在恋爱中每个人都不是完美无缺的，也不可避免地会遇到不同意见、矛盾和争执，如果一遇到小矛盾就闹着分手，换新的伴侣，这样对自己和对方都是不负责任的，而且如果在上一次的恋爱经历中没有反思和总结产生情感困扰和矛盾的症结所在，那么在下一段恋情中，类似的情况可能会再次出现。

以前有个来访者小菲是一名大二女生，家中独生女，小时候由于父母总是争吵，父亲一气之下就提出了离婚，小菲从小跟着妈妈生活，由于父亲的缺位，导致小菲内心比较缺爱，所以她一直希望找一个能够宠着她，无条件依着她的男友，大一的时候小菲谈了一个男朋友，对方长相一般，但对她特别呵护，一天三次问候联络，并时常给她买一些可爱的洋娃娃，常常让她觉得很贴心，可热恋期过后，小菲就渐渐发现男友好像没有之前那么殷勤，并开始使性子吵架，认为对方不喜欢自己了，可男朋友却觉得非常累，认为小菲就像是一个长不大的孩子，甚至是"巨婴"，什么都要自己去付出，一直都在索取，却很少体谅自己，为自己付出，最后小菲分手了，很快又找了新男朋友，新男友一开始对自己也是照顾有加，可时间一久，就抱怨非常累，认为小菲不懂事，可想而知两人又分手了，就这样从大一到大二，小菲已经开展了四段恋情，最终都以分手告终，小菲向我诉苦，不明白为什么每一段恋爱都熬不过三个月，总是想着下一个会很好，可是事实并非如此。小菲的感情失败，其实就是没有清晰了解认识自己，不清楚自己到底要的是什么，分手后也没有反思和上任分手的原因，在每一次失败的恋情后没有获得成长，一旦感到对方不像热恋时那么殷勤，就开始怀疑对方不喜欢自己，然后分手再重新找下一个，最终变得怀疑自我和麻木。

现实中还有一些人在感情中会去考虑哪一种对自己是最有利的，特别是涉及婚姻这一环节，家境、职业、收入等等外在条件成为重要因素，却忽视了也许是最适合自己的，分手后又后悔莫及，这样的案例还不在少数，小涛和女友小贞是大学同学，两人在一起3年了，谈恋爱时几乎很少吵架，相处得比较和谐，但是定下了打算今年结婚后，两人的矛盾越来越多，原来双方父母在谈及彩礼、订婚和结婚条件的时候产生了分歧，依据风俗，小贞父母提出了 18.8 万彩礼，可小涛家境一般，认为 18.8 万彩礼很多，而小贞父母认为 18.8 万已经是当地最低标准了，两家人第一次见面不欢而散，也使一对小情侣之间产生了嫌隙，小贞认为家中就自己一个女儿，父母早就说过 18.8 万元彩礼他们不会收下，反而会添 10 万，凑成 28.8 万作为嫁妆，以备未来两人不时之需，所以父母提出 18.8 万彩礼是为了考验小涛父母的诚意，而让小贞生气的是，两家人在讨论嫁妆、订婚用品、结婚费用时，小涛变得"锱铢必较"，好像担心自己父母要趁机捞一笔一样，也没想到两人在一起 3 年的感情，竟然没有 18.8 万彩礼重要。而小涛也觉得很委屈，他知道小贞家境相对优越一些，双方父母在一起讨论结婚事宜时，小贞妈妈趾高气扬、居高临下的态度，让自己和父母好像低人一等一样，另外小涛认为，小贞明明知道自己母亲刚做完手术，花了很多钱，没有办法拿出 18.8 万彩礼，而小贞却没有一丝退让，更没有去做父母的工作，让自己也很失望，没有想到温柔懂事的小贞，现在变得这么陌生，虽然两人都有不舍，可谁都不愿意退让一步，最终小涛提出了分手，大半年后小涛迫于父母压力，跟很多女孩子相亲，可他要么觉得女孩子没有像小贞那么漂亮懂事，要么对方父母提出的彩礼更高，小涛纠结很久，说服了父母，也鼓足勇气去找小贞，才知道小贞已经订婚了，小涛无数个夜里都黯然伤神，不甘心的情绪填满了他，只能悔恨："如果当初都不那么执拗，就不会失去一个值得珍惜的人，不会失去一段弥足珍贵的爱情。"

人生没有后悔药，有些人、有些感情错过了就不会再拥有，如果遇到困难时总是期待下一个会更好，而不是认真对待现有的感情，下一个的后面还有下一个，永无止境，就像苏格拉底的学生找最饱满的稻穗一样，或许真正握在自己手里的才是最好的。生活就是柴米油盐酱醋茶，跟每个人相爱、相处，最终都会归于平淡，与其纠结下一个好不好，还不如珍惜现在，把握好当下，遇到困难不退缩逃避，学会包容和理解，尽可能地为对方考虑，紧握双手，无惧未来，一同应对生活中的风雨险阻。

假如在这段感情中，两人都已经尽力去维护和修补，却还是不如人意，也不要沮丧、自责和怀疑自己，因为不是每个人都适合走到最后，如果还割舍不下但又解决不了时，则不妨给自己和对方一个期限，比如几个月、半年的时间，一起来协商讨论如何解决现在的分歧与困难，最终假设在这一时间段里现状没有解决，甚至境遇更加糟糕，想要两人获得自由而不内耗，我们就要理性思考，是否还有继续下去的必要，是否需要终止关系，寻找新的人生伴侣。所以啊，爱情耗尽的时候，对彼此最好的选择就是好聚好散，而不是在原地苦苦挣扎纠缠，或许一转身，你会有新的发现。

希望每一段爱情不是一时的冲动，而是深思熟虑的决定，希望每一段恋情的终止，也是思考良久的慎重选择，请记住爱情不轻易开始，也不要轻易结束。

祝愿所有恋人们能不纠结、不痛苦，也不留遗憾。

第二十节 ——
分手应该体面

　　恋爱有多甜蜜，失恋分手就有多痛苦。

　　有人说："失恋，心中就如插上一把刀，一动就痛"。

　　也有人说："失恋，就是你的世界突然暗淡无光，找不到方向也看不到天明，自己也失去了原来的模样。"

　　失恋，就像一场突如其来的暴风雨，让人措手不及，吃饭时饭菜失去了味道，静坐着眼泪不自觉地滑落，每当回忆起与他一同度过的那些甜蜜时光，心中就像被针扎了一般，疼痛难忍，这种感受并不是因为你特别脆弱，而是大多数人在失恋时都会有的类似反应，这种痛苦就是生理心理学上描述的"失恋戒断反应"，神经科学研究发现，当人们深陷恋爱的甜蜜中，大脑的活动与药物上瘾的状态惊人相似，而当恋情结束，人的大脑开始渴望那种由恋爱带来的快乐和兴奋，这时你就会很不自觉地回忆起跟前任的美好时光，所以有人就说，如果爱情是一种"瘾"，失恋无疑就是一次"戒断"，失恋后，大脑中的多巴胺分泌减少，会导致我们的快乐降低，情绪变得失落，甚至产生结束生命的念头，而且这种痛苦的情绪会反反复复，有的可能持续半年,有的甚至很久。为了能减少分手失恋带来的伤害,开始新的生活,这一节我们来直面分手,掌握合理应对分手的技巧。

喜欢,不需要理由,不喜欢,却总是能找到无数理由,情侣常见分手原因有很多,比如沟通不畅、性格不合、外界阻力、见异思迁等等,其实归结起来就是:你不能让对方感到幸福,而这又可以分为两种情况:

第一种,你带给对方的痛苦感受(压力)超过了幸福。两个人一开始在一起,是因为吸引、喜欢,你能够给对方带来幸福快乐,提供一些价值,而价值又能分为很多种,比如生存价值(金钱、地位、资源等)、繁衍价值(长相外貌、身材等)、生活价值、情绪价值、才艺价值,而随着两人相处较长时间之后,可能你提供的价值并不能使对方满意、开心、幸福,特别是以情绪价值来说,大多数人恋爱的时候,就是比较喜欢对方情绪稳定、幽默、情商高,相处起来比较自在快乐,可是经过一段时间相处之后,恋人之间产生了矛盾和分歧,原本温柔可人的女友好像卸下"伪装",变得情绪化、喜怒无常,原本绅士有礼对你照顾有加的男友,变得漠不关心甚至冷眼以对,似乎一切都变了,在爱情中不断地争吵、纠结,痛苦越来越多,使这段感情变得压抑、窒息,最终一方无法忍受,提出了分手。

第二种则是他找到了更加满意、幸福的对象,说得更直白一些他找到了新的对象,或者在恋爱期间出轨了,不管是个人原因还是迫于外界压力,这其实都是上一种情况的延伸,即使你谴责对方、感慨自己遇人不淑,都无法挽回,而在恋爱关系存续中找新对象,给另一半的打击也是最大的,小蕾和男友小志高考结束后就在一起,两人志趣相投,小蕾温婉可人、长相出众,小志风趣幽默、情绪稳定,上大学后两人是异地恋，但距离并没有使感情变淡，每天联络、分享着各自遇到的有趣事情和喜怒哀乐，计划着寒暑假见面后的浪漫约会，为了能早日结束异地，有更加美好的未来，两人都努力学习、制定发展规划，这种双向奔赴的爱情让周围人羡慕不已，可一切都因为毕业时的选择，使完美的感情朝着另一个方向发展，小蕾到两人约定的城市工作扎根，有个稳定不错的工作和收入，可小志却不甘平庸，一心想去一线城市打拼，两人约定了半年的期限，最终如预料的一样，小志在大城市碰壁，准备回到小蕾的城市发展时，却被父母以其是家中独子、外面生存压力大等原因催回家，小志不敢跟父母对抗、以缓兵之计暂时回了老家，又约定了半年的期限，半年过后就来找小蕾再也不分开，小蕾相信了，可三个月后小志提出了分手，原来小志在老家找了稳定的工作，被父母安排和其家境相当的女孩相亲，权衡利弊之下向小蕾坦白，不久便订婚了。这个消息给了小蕾当头一棒，多年的感情和等待换来了一句"两人不合适"，她怀疑是不是自己哪里做得不够好，如果当时跟小志一起回老家就不会有这样的结果了，她幻想着对方会不会冲破父母、现实的"牢笼"来和自己相聚……否定也好、怀疑也罢，最终这段感情无疾而终了。

失恋、分手带给人巨大的精神创伤和精神损伤，失去了生命中曾经最重要的人，必然要经历痛苦的阶段，而这段情绪变化可以分为六个阶段：

阶段一：拒绝接受，回避痛苦。拒绝接受情感现实，告诉自己对方不可能离开自己，并不断找理由去跟对方解释，努力去挽留对方，不愿意接受被分手的事实。

阶段二：感受到被抛弃。这个阶段是情绪上和心理上真正折磨的开始阶段，会不断地回想过去，产生内疚心理，自责懊悔，无法冷静地去思考，充满了负面情绪和行为，非常的痛苦，会想不断地联系对方，见到对方，说服对方不要分手。

阶段三：由伤心变为愤怒。心生怨恨，变得敏感多疑，甚至会出现自残、伤害对方的行为。

阶段四：开始有目的性地尝试慢慢抽离。这个阶段会反思自己和这份恋情，回忆过去，变得安静、冷静。

阶段五：情绪慢慢开始调整和恢复。不再把情绪依托在别人身上，能够冷静去思考怎么解决问题，开展自我重建。

阶段六：完全接受分手的现实，开始追求新的生活，新的恋情。

在分手的时候，很多人会长时间徘徊在第二和第三阶段的情绪状态中，无法自拔，这种痛苦的情绪是反反复复的，情绪波动也比较大，如果尝试挽留很多次都无果之后，就需要我们进行自我重建，努力调整自己，体面地跟对方和过去说"分手"。

那该如何体面说分手呢？

第一，开诚布公地讨论沟通分手问题

现实中很多人在跟对方提出分手后，为了避免对方反对、纠缠，就跟对方断了联系，这种其实是比较伤人的一种方式，学生小柳就经历过这样的痛苦，端午节长假刚结束，小柳便找到了我说自己被"断崖式"分手了，明明端午节放假两人在一起时还很开心，还规划着暑假能够互相见家长，将两人关系更进一步，可回校第二天早上女朋友说考虑了一晚上，认为两人不合适，提出了分手，小柳顿时感到手足无措，打电话想问问到底怎么了，是不是自己哪里没有做好，明明前一天还好好的，为什么现在突然要分手，可是打了无数次电话都没有接通，微信也被拉黑，女朋友就像突然消失了一样，这几天小柳非常痛苦，什么都没有说清楚就分手，自己无法接受这样的结果，每天上课没有精神，晚上失眠、哭泣，思虑很久后准备放弃期末考试，连夜坐火车去找女孩所在的学校问个清楚，小柳在女孩宿舍楼下连续等了三天，女孩都没有露面……在这两人的分手中，女孩只是单方面地宣布分手，然后不见面沟通，拉黑一切联系方式，男孩怎么也找不到他，这种决绝的分手方式，让小柳疑惑、愤怒、忧伤的情绪没有地方输出，加上分手前后女友巨大的反差，使小柳被认为自己被"耍了"，没有一个合理的理由就被抛弃了，而女孩不敢直面对方，通过消失来解决分手的方式，显然不够明智，也不值得大家学习和借鉴。

曾经相爱的两人要分手了，心中肯定都不好受，但不管是主动提出分手的一方，还是被分手的一方，都应该坦诚地讨论"分手"，比如"我想我们应该找个大家情绪都比较平复的时间，好好沟通一下，不为复合，只是想和平、体面地分手"，见面前先约定好，两人要保持冷静，不翻旧账，不说指责批评对方的话语，客观地表达想分手的原因、内心的想法，说清楚分后的问题，给这段感情和对方一个交代，不把分手的理由归结为对方的过错，相互指责也改变不了什么。

第二，失恋不失态，不产生过激行为

假如对方已经明确提出了分手，态度坚决，没有一丝想要回头的意思，这个时候就不要绞尽脑汁地想着怎么去挽留对方，不"卑躬屈膝"委屈自己，恳求对方回心转意，也许对方想分手的念头不是一时兴起，心中可能考虑了很久，既然对方决定要分开，就说明你们不合适，也就没有再继续纠缠挽回的余地，还不如潇洒地说"再见"，哪怕是再孤独的夜晚，突然想到以前的一些甜蜜的回忆，也不要去打扰对方，不要再尝试窥探对方的生活，了解对方是否过得开心幸福，试试两人之间是否还有回旋的余地。

分手后，被分手一方心中一时难以放下，不甘心，认为对方对不起自己，想要"鱼死网破"让他也不好受，于是四处散播关于对方的谣言，暴露对方的隐私，伤害对方的身体，闹到对方学校、单位、家里让对方也不得安宁，其实报复对方看到对方痛苦不堪、名声尽毁，一时之间你可能会感到痛快，心中怒火得以发泄，可痛快过后，心中会更加空虚，每伤害对方一分，也会为此付出多一分代价，甚至出格做出违反法律的事情，让自己更加悔恨。小洁在被分手一周后，才知道前男友跟自己在一起的时候，同时和好几个女孩子暧昧不清，脚踩几只船，心中怒火顿时燃起，认为自己被"渣男"耍了，为了报复他，于是在学校"表白墙"上撰写了千字长文，怒斥前男友"渣男"行径，并曝光了对方个人信息、学生证和照片，一石激起千层浪，瞬时千字长文被多人在网上转发，前男友在网上被多人讨伐、谩骂，男孩不堪其扰，向学校反映此事，并报了警，小洁受到了相应处罚。小洁遇人不淑分手，也算是及时止损，可为了泄愤，侵犯他人权利受到处罚，最终也是两败俱伤。所以分手后，不能失态，不产生过激行为，切记不要因为愤怒而忘记法律的底线。

第三，重新认识自己，切忌过度反思

分手后，在情绪稳定的时候可以适当进行反思，重新审视这段感情、深度认识自己的需求，例如可以尝试写日记或者列清单，比如可以问自己"我是否选择了一个不可能拥有爱和成熟关系的伴侣？""这段感情中两人存在的最大分歧是什么？""我自己的缺点是什么？""我到底需要的是什么？"不夹杂个人主观性评价，深刻剖析感情中出现的问题，对自己有真实的认知，明确未来伴侣应该具备哪些品质，也能为下一段感情开始积淀基础，但是在反思过程中需要切忌过度反思自己，因为人失恋之后总是会想起恋人的种种优点，越发怀念过去，同时也会更加否定自己，认为自己一无是处，特别是对于被分手的人来说，过度反思反而会使执念加深，使人陷于自责、怨恨、后悔、悲观的情绪中，甚至做出各种极端行为。

第四，失恋不失志分散注意力

一些学生在失恋后万念俱灰，一蹶不振，长期沉浸在痛苦的漩涡中无法自拔，拒绝社交、影响学业，甚至"从此无心爱良夜，任他明月下西楼"颓废不堪，绝望轻生。其实两个人在一起是缘分，不在一起了也是缘分已尽，当一个人时，更要善待自己，给自己积极的暗示，设法将注意力转移到其他事情上来，比如听听音乐，看电影，打球，外出游玩散心，或者把失恋而产生的挫败感、压抑感升华为奋斗的动力，就像前面讲到的小柳一样，"断崖式"分手后痛苦了一段时间，客观冷静思考后，小柳认为可能是端午节两人商议暑假互见家长，当天前女友跟家人提起了自己，却遭到了反对致使两人分手，站在对方家人及前女友立场上，小柳慢慢接受了被分手的事实，认为自己还是学生，没有工作和收入，未来一切都是未知数，怎么能给对方稳定的生活条件和幸福的未来呢，为了自己也为了未来的另一半，小柳决定开始新的生活，打算未来考研究生，提升能力，课余时间去自习室学习，每天过得忙碌而充实，也才发现其实人生除了爱情之外，还有很多值得珍惜和奋斗的事情。

第五，自我清零拥有"空杯心态"

分手后要有"自我清零"的过程，不管以前两人相爱时多么甜蜜令人难忘；不管你曾付出再多却被人放弃，内心痛苦不堪；不管是你们的恋爱内耗过多，无法继续，主动提出分手，但还是满目疮痍；还是因为自己的原因，导致对方失望、伤心、愤怒、分手，内心内疚自责；不管是因为什么原因分手，都先要让自己的思绪、情感，按下暂停键。因为从分手那一刻，结果都无法改变，悔恨也好、痛苦也罢，我们都需要直面被打碎、混乱而迷茫的自己，好的坏的、谁对谁错都暂不深究，放下身上的包袱，让一切都归零，不纠结过往，不沉迷于过往的负面情绪中，保持"空杯心态"，重新自我塑造，以全新的自己去面对未来。

第六，失恋不失智，不迅速投入新的感情

有人说，治愈失恋最好的办法就是投入下一段新的感情，前面讲到鼓励大家拥抱下一段恋情，但并不鼓励分手后之后立马投入下一段新的感情，这种也被称为"反弹式关系"，反弹式关系有三个重要因素：上一段关系刚结束，下一段迅速跟上；上一段问题还未解决，立马建立新的关系；动机则是为了转移分手带来的负面影响。这种反弹式关系能够帮助分散注意力，缓解失恋带来的负面情绪，但是也会使人失去理智，病急乱投医，随便找一个人在一起，这样不仅对新的恋人不负责任，对你来说并不能解决问题，反而受到新的伤害，因为新的关系中并没有摆脱前任的阴影，在内心可能还会想着前任、爱着前任，在上一段感情中没有反思、总结恋情的失败经验，仓促开展新的恋情，则会使同样的矛盾再一次产生，影响新的关系维持。

在感情中受伤后，有些人"一朝被蛇咬，十年怕井绳"，表示"不会再爱了""不敢再爱了"，甚至"不再爱了"，其实这是因为上一段情伤未能疗愈，让人心有余悸，可人不能因噎废食，我们可以给自己一个疗伤的周期，不强求，让自己慢慢走出来，成为更好的人，但也不逃避爱情，不因为某一个人就否定了所有人，封存了爱的能力，不妨给自己重新出发的机会，也给别人一个靠近的机会，遇到了对的人就要勇敢去爱，大胆地向对方奔去。

—— 第二十一节
我们，复合吧？

做大学生恋爱咨询时，经常会被问到这样的问题：

"老师，前任来找我了，他说跟我分开后非常想我，说他兜兜转转一圈后，发现最爱的还是我，我要不要跟他复合啊？"

"老师，分手后我总是想起以前我们在一起时开心的回忆，特别是晚上夜深人静时，总是想给对方发微信问问她过得好不好，我想找她复合，可是心里没有底。"

"老师，他跟我道歉了，他说以前是他太大男子主义、太自私，没有考虑我的感受，分手后才明白我有多好，他这么真诚地道歉了我要不要跟他复合啊？"

其实我很能理解许多同学这样的纠结心理，曾经认真相爱过，对方再次挽留、出现在生活中时，内心动摇要不要重新在一起，也是情有可原的。

可是，重拾一段曾经争执、受伤、失败的感情，比重新开始一段新的感情，更加不容易，所以不管是哪一方，在纠结到底要不要和对方复合时，都需要认真考虑很多问题。

问题一：在上一段感情中你的感受和状态是什么？

这个问题非常关键，也是我们是否要挽回对方，寻求复合的出发点，这就需要我们客观冷静地去回想一下，在这段感情里面，你是幸福、痛苦，还是爱恨相加，是付出者，还是情感的索取者，在这段感情中你是否收获了成长，遇到矛盾你是选择委屈自己、迎合对方，还是选择冷战、激烈争吵，如果在上一段感情中，你感受到的都是负面的、悲观的情绪，那么我需要劝你冷静下来，深思熟虑，因为好的爱情应该带给人希望和养分，温暖和成长，而不是消耗彼此、互相伤害和折磨，如果两人真的不合适，倒也不必过多留恋，分开或许是最好的选择。

问题二：你想挽回对方，复合的原因是什么？

关于跟前任复合的原因有很多种：

第一种：出于爱，认为分手后对对方还有感情，割舍不下；

第二种：付出太多不甘心，认为自己在前一段感情中投入太多的时间、精力、感情甚至金钱，不甘心就此结束；

第三种：想通过复合来消除分手的痛苦，被分手者失恋后感受到非常痛苦，认为比之前更爱对方，想要挽回对方；

第四种：想要通过复合，解决自己的某些问题，比如目前还没有找到更合适的，但分手后无法忍受孤独，渴望熟悉的陪伴；

第五种：报复性的，不能接受被分手，想要复合后甩了对方，证明自己。

也许还有更多原因，但如果你想复合不是出于爱，那你就要认真地问自己：复合真的是解决问题的最好办法吗？

问题三：当初导致分手的原因，如今都解决了吗？

好了伤疤忘了疼，是很多人在感情中常常犯的错误，他稍微一主动，你就忘了他当初对你的冷漠；他一说软话、认错，就忘了他为什么让你生气失望；他一挽留，你就认为他还是最爱你的。可是，当初你们分手的原因都解决了吗？

这个问题是不可回避的，或许有些人在分手之后，根本就没有去认真思考当初分手到底是什么原因，一般情侣之间分手，不外乎两个方面：内部原因和外部原因。

内部原因：不忠行为，出轨了／情侣双方对情感的期待和需要不同，导致分歧和矛盾的产生／对自己、伴侣、情侣关系的失望／对关系状态的不确定，特别是女方在感情中看不到未来／沟通不畅／权力不平衡，一方强势，一方弱势／产生暴力冲突。

外部原因：异地恋／朋友家人反对。

分析完分手原因后，需要考虑如果复合后两人能否客观冷静地去沟通交流，一起解决以前出现的矛盾，使原本矛盾的关系能够被修复，两个人对于未来的目标和规划是否是一致，或者有没有一起进行考虑和筹划，如果复合后两人还是剑拔弩张、遇到问题互相不让，也不沟通交流解决，那么矛盾冲突并没有解决，当初分手的问题依旧存在，那仅凭着一时冲动的复合，最终的结果也还是会重蹈覆辙，再次分手。

问题四：复合是你一个人的一厢情愿，还是两个人的想法

复合不是一个人的事，特别是在分手之后，你需要了解对方的感受和意愿，假如你不清楚对方是否想要跟你复合，就不停地给对

方发短信、打电话，没有回复就频繁地"骚扰"对方，可能对方会更加厌恶你，进而拉黑，所以复合前我们需要通过一些细节来评估对方的复合意愿。

第一，他会不会和你联系

情侣分手后，有三种情况：第一种，联系意愿比较低，常见的就是分手后拉黑删除、屏蔽朋友圈、不沟通、打电话不接，一句话都不愿意多说，你能明显感到对方的排斥，不管你说什么对方都是无所谓，不理睬，这个时候就不是复合的好时机，你可以尝试让对方情绪先冷静下来；第二种，有一点联系意愿，比如彼此之间还可以整场聊天，联系时也会回复消息，态度比较平和，这个时候需要评估，对方心平气和的态度是彻底放下了，还是在继续考验你，需要循序渐进、继续保持联系，进一步判断对方的情感变化，了解复合意愿；第三种，对方会在分手后，主动联系，开启讨论话题，朋友圈也有互动，这说明对方后悔分手了，或者分手后你的积极回应，让对方看到了希望，这个时候对方复合的意愿就比较高。

第二，分手时对方说的话

我们可以试着回想一下，分手时对方说的话，也许就能从其中找到答案。

假如你的前任说："都跟你说了这么多次了，你还是老样子，不改变，实在不行咱们就分手吧！"这句话看似对方比较坚决，是对你彻底失望后提出的分手，可实际上对方就是用威胁的语气，警告你："如果你再不改变，我们就只能分手"，他的真实意思是：他不想分手，但是你一直没有改变，让他很纠结，实在没办法，只能采用威胁的语气强迫你改正。

假如分手时对方情绪上头说："既然话都说到这个份上了，咱们分手吧，有本事你不要后悔。"这时对方内心其实并不是真的想分手，而是两人都互不相让，那就分手走着瞧，看谁最终会后悔。上述两种分手时的对话，都属于冲动型分手，都是吵架分手时情绪宣泄时的冲动做法，并不代表对方真的不爱你了，想要真的分手，可能对方对你还抱有一些希望，期待你能认识到自己的问题并加以改正，或者希望你能悔恨并认识到他非常重要，期待着你能够去认错挽回，而这个时候假如你没有理解他的意思，没有认识到自身的问题，分手后不愿意低头，那对方就会发觉你不值得让他再抱有期待。

假如分手时对方很冷静地说："咱俩不合适，还是分开比较好"，这种就属于失望型分手，对方对你、对这段感情已经彻底失望，态度比较坚决，不像是意气用事，则两人复合的可能性就比较小了。

第三，能不能继续做朋友

还要考虑分手时两人是否留有余地，假如分手时对方说："我们以后还可以继续做朋友"，说明对方对你并没有到深恶痛绝的地步，两人的关系还可以继续维护，他也希望你还是他生活中的一部分，则说明你们之间还存在着感情链接，还有一种可能是，分手后他做不到立马就放下你，但是又不愿意重蹈覆辙，所以借着做朋友的幌子，来给自己时间慢慢放下而已，说明你们之间还存在着复合的概率。

第四，分手后对方的社交状态

如果你无法从分手时对方说的话语中分辨是否有复合的可能，那可以侧面了解对方分手后的社交状态，比如你可以从共同的朋友那里了解对方有没有跟朋友抱怨过你，有没有在朋友圈发表一些吐槽你的言论，如果有，就说明对方心里还是放不下你，如果对方真的想分手那就不会这么纠结和痛苦了，就是因为在乎，分手后才会感到特别不适，需要通过倾诉、吐槽来表达内心痛苦。假如对方分手后情绪特别冷静，没有大的波动，那说明对方已经对你真的失望死心了。我们还可以了解对方目前是否有跟其他异性建立社交关系，如果前任还是单身，就说明现在还是空窗期，复合仍有机会，如果对方身边出现新的异性，那你们之间的复合概率就大大降低了。

第五，他会不会吃你的醋

如果你的前任知道你身边出现其他异性，或者跟其他朋友常常出去玩，对方表现出吃醋的感觉，那么他可能表示有以下几层意思：第一，你的行为会激发他的"损失厌恶心理"，当他意识到可能真的要失去你之后，内心会变得纠结；第二，他不希望你能这么快释怀和放下，他不希望你这么快就跟其他人交往；第三，对方虽然不再对你那么喜欢，但是依然把你当作备胎。不管对方心中是哪种心理，对方表示出吃醋，说明内心并没有放下，对你还有占有欲。但是不提倡为了试探对方是否会吃醋，就故意跟异性增加往来的行为。

在讨论完上述细节后，你都不要先入为主，像侦探一样，可以去寻找前任是否释放出这些信号，只需保持平常心，客观理性地去分析，切不可过分解读，一厢情愿地认为对方似乎还是在给你机会，然后贸然联系挽留对方，则会适得其反。

问题五：挽回对方会经历哪几个阶段？

很多人刚分手就想着去找对方复合，结果碰壁，不仅没有挽回成功，还激怒了对方，被彻底拉黑，为了有个心理准备，我们需要了解到挽回对方需要经历四个阶段：排斥期、反思期、观察期和复合期。

排斥期：这个阶段对方的情绪波动较大，抗拒心理比较严重，如果这个时候你去找对方复合，只会让对方更加排斥反感你，或许刚分手时对方表现得并没有多么抗拒，可因为你一次次的纠缠让对方彻底爆发，更加坚定了分手的决心。

所以在排斥期，需要双方保持冷静，你可以暂时性地断联一段时间，先给对方一个消化情绪的时间，切不可急于复合一直纠缠。

反思期：人的情绪会随着时间慢慢变化，在断联一段时间后，对方也会逐渐降低对你的厌恶程度，在反思期，对方会想起你们在一起甜蜜的时光，反思你们情感破裂的原因，反思自己是否也存在做得不对的地方，但是由于之前情感消耗太多，对方可能不会那么快动摇分手的念头，这个时候对方的心情比较复杂多变，让人捉摸不透。

观察期：对方在经过反思之后，可能会萌发和你复合的念头，但是又担心复合后会再次受伤，重蹈覆辙，所以会对你进行考察一段时间，观察你是否在分手后有所思考和改变，这个阶段对方会增加和你的接触，如果你想复合，就要很诚恳地向对方展示出你的诚意，你这段时间的思考，以及为了复合你打算从哪些方面进行努力和改正。

复合期：经过考察期，对方对你的态度和改变比较满意，对方复合的意愿就会加深，和你的接触也会越来越多，这个阶段你就需要警惕，不要太过于主动，想要掌握复合的主动权，可以循序渐进地回应对方，将主动权交给对方，更不可认为对方复合意愿增强，就原形毕露，无所畏惧。

问题六：如何正确地挽回对方？

一、保持空间感以退为进

刚分手前任对你还存在抗拒和排斥，这时我们需要控制自己的情感，不死缠烂打，不过多打扰对方，默默关注着对方，隐形地活在前任的世界里，给对方一个时间和空间，淡化你在他心中的负面印象，其次留出一些时间来自我反思，总结在前段感情中自身存在的不足，思考对方对爱情的期待是什么，对方希望你在哪些方面做出改变，对方暗示过你存在哪些不足与缺点，考虑两个人的未来该如何发展，积极地梳理总结，并制定改变自己的计划，以退为进，让对方对你的负面评价回归到客观上来。

二、塑造自我提升价值感

寻求复合，挽回对方，不仅仅是要把注意力放在对方身上，一味放低姿态，选择哀求对方，死缠烂打都不是良策，不妨尝试聚焦在自己身上，剖析自身的缺点，努力提升个人修养，由内而外地进行蜕变成长，比如拾掇一下自己，看起来精致一些，培养一些新的兴趣爱好，让对方对你刮目相看，再次吸引他，博得他的青睐，而且在改变自我、提升价值的过程中，你会发现你的心态发生了变化，你会变得更加自信成熟，对未来有了更加清晰的认知，对于两人再次进入感情，有着很大的帮助。

三、积极沟通建立信任感

很多时候情侣分手是因为彼此间信任感降低，你做了或者说了一些事，让对方对于两人未来没有了信心，所以分手复合很关键的一点就是重建信任，你需要积极地跟对方沟通，倾听对方的感受和想法，尊重对方的意见，并坦诚地表达自己的真实想法，让对方重新认识你，体会到你的诚意和决心。

四、制定计划建立持久性

在经过前面的尝试后，两人之间逐渐建立了联系，对方也慢慢愿意重新认识和接纳你，这个时候并不意味着后续会复合成功，为了使两个人关系更加持久，还需要尝试和对方一起讨论未来的目标和规划，并为了实现共同目标而奋斗，让对方看到你的努力，愿意和你携手前行。

挽回对方需要花费一定时间，复合也许不会一蹴而就，在复合的过程中不要急于求成，努力消除对方的抵触情绪，以一种轻松自由的氛围去和对方联系相处，似乎一切就像从头开始一段感情一样，从无到有，让对方慢慢地去接受，不给对方压力，假如挽回失败了也不要自暴自弃、怀疑自己，失去理智发生自伤伤人事件，毕竟曾经努力尝试过、挽留过，不妨尝试放下心中的遗憾和执念，不强求他人，不苛责自己，克服失败恐惧，及时调整自己的心态和情绪，努力放手让别人做回别人，让自己做回自己。结束一段不合适你的感情，意味着未来还有更美好的在等待着你，将一切的一切都交给时间慢慢去淡化，不刻意回避，随着时间积累一点一滴地忘怀。曾经追过一场风，你是我不可能完成的梦；勇敢转身重新出发，沿途或许有新的一片天地。

第二十二节 ——
开启婚姻之旅

"两姓联姻，一堂缔约，良缘永结，匹配同称

看此日桃花灼灼，宜室宜家，卜他年瓜瓞绵绵，尔昌尔炽

谨以白头之约，书向鸿笺，好将红叶之盟，载明鸳谱

此证！"

这是民国的结婚证词，每每读来都让人感动，结两姓之好，许百年之约，不问世事多烦忧，唯愿与卿共白首。

婚姻是什么，婚姻和爱情有什么区别？可能每个人心中答案都不一样。

有人说婚姻的本质不仅仅是爱情，更像是一种夹杂着爱情的契约；有人说婚姻是爱情的坟墓；杨绛先生说：婚姻，是柴米油盐，得需要钱，要有经济基础，而不是爸妈出个彩礼钱，办场婚礼，一套房子和十几万的车就幸福了；也有人说在婚姻中两人更像是志同道合的战友，在人生路上携手共进。

爱情是两个人以感觉为基础，以沟通交流为载体，以各自在对方眼里的优势为底牌，在情感和荷尔蒙作用下进行一场化学反应，

而婚姻是爱情的成果和对爱情的延续，它是爱情的升华，可以带给我们幸福感、安全感和归属感，婚姻比爱情复杂多了，两者间有区别也有联结。

首先，爱情是自然属性，婚姻是社会属性。爱情是自然而然产生的，它的根源在于性吸引力，是人的一种本能，情侣在热恋中，为了对方做一切都是心甘情愿的，爱情的维系需要情感为支撑，而婚姻是关乎两个人、两个家庭甚至整个社会的利益和稳定，婚姻除了爱情之外，还要考虑对方的家人、房子、工作……

其次，爱情存在不确定性，婚姻是相对固定的，在恋爱中很多人，特别是女性喜欢问对象的一个问题就是"你真的爱我吗？"担心有一天爱消失之后，对方离开自己，爱情中存在着很多不确定性，不爱了就可以分手，抽离出来，婚姻比爱情多了一纸婚书，使恋爱关系稳定下来，受法律保护和道德约束，大家都不再是绝对自由的两个人，肩负着责任，需要对爱人负责，对家庭负责。

再者，爱情是花前月下的浪漫，婚姻是岁月沉淀下的平淡。恋爱时热烈而炙热，彼此享受着你侬我侬的甜蜜浪漫，一句"我爱你"都能让人开心很久，婚姻意味着承诺和责任，需要包容、理解和迁就，需要一起去经营，结婚后需要赡养父母、养育孩子、携手面对生活中的风风雨雨，那些花前月下的浪漫变成了漫长岁月里的琐碎事务，也有快乐，也有摩擦，两人感情也逐渐变得稳定平淡，但又相互依偎扶持。

最后，爱情有距离，婚姻没有距离。恋爱时两人不住在一起，存在空间距离，对彼此还存有一些想象和滤镜，心理上并不确定对方能否跟自己长长久久，所以心中仍存着敬畏之情，结婚后两人住在一起，事无巨细一览无余，没有独立的空间，更加清晰地认识和了解了对方，或许滤镜下会有惊喜，也会有失望和痛苦。

爱情是婚姻的基础，婚姻是爱情的延续，走进婚姻需要勇气，也需要充分的思想准备，假如只带着爱情去结婚，则会发现很难适应。

现实中很多情侣谈了很久的恋爱，可一谈到婚姻这个话题就戛然而止，男女交往到什么程度，才可以谈婚论嫁呢？

这个问题没有标准答案，每个人情况不一样。有的情侣认识几天就闪婚了，有的情侣前后纠缠挣扎了很多年还没有走到民政局，也有一些在一起几年，结婚后又火速离婚分手。时间向来不是衡量感情深浅、能否结婚的唯一标准，你需要重视的问题，不是恋爱多久才能结婚，而是应该和什么样的人结婚才合适，你要结婚的人，应该是感情专一，能够陪你一起度过余生，不离不弃，互相成就扶持对方，如果不是真正对的人，哪怕谈得轰轰烈烈也无法步入婚姻，即使结婚了也是以失败和失望告终。

恋爱的前提是双方互相喜欢，婚姻形成的前提除了爱情之外，还有条件基础，这个条件基础包含外在条件和内在条件。

第一，生理层面：主要是对于性生活的满意程度。在婚姻中性是一个不可避免的话题，夫妻双方中，性生活的满意程度影响着婚姻生活的满意度，所以在结婚前，不妨与伴侣坦诚沟通这一话题，更加深入地了解对方。

第二，心理层面：主要是两人对待事情的看法是否一致，也就是我们说的三观是否契合。婚姻是一个复杂的话题，需要考虑的内容比较多，就需要了解两人对待一些事情的想法是不是能够做到求同存异，一起从以下几个方面协商讨论，做好心理准备：

情感准备：是否双方都已做好组建家庭的思想准备，对于彼此的真实品性、原生家庭、情感经历、成长过程中的重大事件等了解多少，对于未来婚姻生活有哪些困扰和忧愁，是否有相守到老的信念。

婚礼问题：对婚礼的举办方式和相关风俗礼仪有什么要求，双方能否达成一致。

居住问题：是否能够跟父母住在一起，如果发生矛盾该如何解决？

生育问题：生育孩子的计划，婚后大概什么时候可以怀孕，育儿工作该如何分工？

未来规划：对未来有什么打算和规划，规划中另一半是什么样的角色和地位？

这些都是结婚前后需要面对的问题，或者现在暂时还没有遇到，但可以提前讨论，有预见性地为以后打好基础，促进双方理性应对婚后的各类问题。

第三：物质层面：主要是双方的经济水平，爱情固然重要，面包也必不可少，经济状况是婚姻不可忽视的条件，婚前需要考虑和协商彩礼和嫁妆，很多情侣在谈婚论嫁时因为这个问题没有达成共识闹得不愉快，直至分手。另外，还需要考虑对于未来对方的经济条件是否保持着乐观心态，假如未来遇到经济困难是否能够共同应对。

近几年在校大学生结婚的新闻常见诸报端，人们对于大学生在校期间适不适合结婚这一话题，也是众说纷纭，大多数人认为学生在校期间应该以学业为主，在校谈恋爱、组建家庭，会分心影响学业，

解锁恋爱密码：大学生完美恋爱攻略

结婚后会有家庭的责任，对于个人自我能力的提升有一定影响。少数人认为如果在大学遇到了合适的人，就要把握机会，学生时代的爱情都比较单纯，不添加那么多的目的和利益，合得来就可以结婚。

大学期间能不能结婚，首先要符合法律条件，我国《民法典》明确规定了结婚年龄，男不得早于 22 周岁，女不得早于 20 周岁，民族自治区可以结合当地实际情况，对男女结婚年龄做出变通规定。

学习和婚恋并不是完全对立、相互排斥的事情，从生理年龄上来说大学生具备成年人该有的自由和决定权，现实里也有大学期间结婚幸福美满的案例，佳佳和男友是高中同学，两人情投意合，在一起已经 3 年了，两人大学期间互相鼓励，成绩非常优异，也是彼此的依靠，当遇到无法决定的事情时，男友总是能够客观理性地帮助佳佳进行分析，当科研上遇到瓶颈，情绪焦躁时，佳佳也会陪在男友身边，鼓励开导他，在彼此心中都认为对方是对的人，此生非他不可，对于未来两人也有清晰的计划，并为此努力拼搏着，大四时两人双双以优异的成绩保送到国内知名大学攻读研究生，在佳佳过生日时，男友单膝跪地郑重地向佳佳求婚，在周围朋友的见证和欢呼下佳佳同意了，两人相拥而泣，从此以夫妻、家人的名义开启新一段旅程，在未来学习道路上共迎风雨。

很多人反对大学生在校期间结婚，一是，担心这个阶段一些学生思想还不够成熟，尚未确立正确的恋爱观和婚姻观，对恋人、爱情和婚姻缺乏客观认识，不确定性比较大，一时冲动进入婚姻生活，过早盛开的爱情之花结出的只会是青涩的果子，学生佳豪和晴晴在大学相识相恋，在佳豪眼里晴晴善解人意，性格温顺，对自己也非常依赖，相处两年多两人感情稳定，佳豪认为能在大学里遇到志趣相投、互相匹配的人非常难得，想着如果一直这样相处下去，未来两人早晚都要结婚的，为了不错过这段感情，佳豪主动向晴晴提出了结婚，犹豫片刻后晴晴同意了，两人偷偷地去民政局领了证，并在校外租了房子，每周末都到外面居住，一开始两人沉浸在恋人变成夫妻的喜悦和甜蜜中，可住在一起久了后，才发现婚姻并不是一张结婚证那么简单，晴晴抱怨佳豪生活能力差，懒惰，衣服袜子乱扔，做饭洗衣的任务都是自己的，关系稳固下来后佳豪并不像以前那么积极和在乎自己了，闲暇时刻就喜欢打游戏，也不会陪着自己出去走走，甚至连情人节都忘了给自己送花，晴晴对佳豪越来越不满意，而佳豪也发现佳佳其实并不是那么温顺，她爱抱怨、爱生气、爱哭闹，一点点鸡毛蒜皮的小事都会惹得不开心，吵架后怎么哄都不给自己台阶下，逐渐地两人遇到矛盾、争执后，佳豪也不愿意再"委曲求全"，两人经常冷战，心情非常糟糕，还影响了学业，佳豪开始怀疑仓促和晴晴结婚是不是错了。爱情里大家都在尽力展示最完美的一面，加上光环效应的影响，我们可能误以为对方就是那个对的人，可结婚之后，优点也好、缺点也罢都毫无保留地暴露在对方眼前，撤下滤镜清晰地认识了对方，才发现为时已晚，怀疑和后悔当初的决定；二是，婚姻意味着对伴侣和家庭的责任，需要经济支撑，而作为学生没有工作和收入，缺乏历练，生活自理能力比较差，特别是结婚后生育孩子，更没有经济来源支撑家庭，陷入困境之中，可能给原生家庭带来一定负担和影响；三是，"大学者，研究高深学问者也诸君须抱定宗旨，为求学而来。"大学阶段是学习知识、锤炼品格、掌握技能的重要阶段，也是非常宝贵的人生阶段，将心思放在儿女情长、家庭琐事上，分散注意力，影响个人成长和发展。

其实上述担忧是现实存在的，婚姻不是儿戏，是否要和恋人开启婚姻之旅，不能被感性所左右，需要每一对情侣理性认真地去思考：什么是婚姻？你为什么要结婚？你眼中完美伴侣应该具备什么样的品质？不管是心理上，还是经济基础上，你准备好结婚了吗？婚姻中你最在乎的是什么？如果结婚后你发现对方和你想象的有差距，你会怎么办？你是否能够平衡好学习、工作和婚姻生活之间的关系？假如这些问题你还没有考虑好，仍有疑虑，那请不要着急，给自己、给恋人和这段感情一个时间和机会，这其实是对自己和他人负责任的表现，想明白了再结婚，一点也不晚。

希望每一段感情都能如愿以偿，有一个美好的结果。

愿每个人都能与爱人携手走向未来，开启一段新的旅程，共享人世间喜怒与哀乐，繁华与平淡。

第二章

操作篇 ♡

第一节 ———
遇见未知的自己——依恋类型探索团辅方案

一、团辅背景

在恋爱中我们可能会有这样的疑虑：为什么有的人在恋爱中不仅能获得滋养，还能给对方提供"情绪价值"，带来安全感？为什么有的人能够喜怒不形于色，尽管情绪在心中已经"翻江倒海"，感到压抑委屈，但表面仍表现得"风平浪静"？为什么有的人在一段关系中总是缺乏安全感，容易多疑或猜忌伴侣？为什么有的人坚持独身，甚至恐惧建立恋爱关系？

其实这些都与童年时建立的依恋类型密切相关，依恋类型对成年后亲密关系的建立非常重要。

二、团辅目标

1.通过团辅帮助学生回忆、梳理、分析个体和家人之间的关系，帮助学生认识和了解自己的依恋类型，更加清晰认识自我；

2.引导学生了解不同依恋类型给亲密关系建立带来的影响，掌握如何改变依恋类型、建立亲密关系的能力和技巧。

三、团队成员：校内大学生，大约 20 人。

四、活动时间：90 分钟

五、活动道具：OH 卡、两根长约 5 米的绳子、不透明幕布

六、活动过程

（一）讲解团辅小组契约

指导教师向小组成员介绍本次团体辅导的主题、目标及团体规范，使学生明确本次团辅人员构成、职责、工作原则和小组契约，保障本次团辅顺利开展。

注意：需要特别强调保密原则和保密例外，引导小组成员不将其他成员分享的故事和个人感受向外述说，保障大家在安全、可信赖的环境中，但假如遇到学生有特殊情况时，需要及时与其家长、老师及相关人员进行反馈。

（二）暖身活动

1. 大树与松鼠

（1）活动目的：促进成员放松心情、活跃气氛。

（2）活动时间：10 分钟

（3）活动过程：

A. 将团辅成员分为三人一组，两人扮大树，面对对方，伸出双手搭成一个圆圈，一人扮松鼠，并站在圆圈中间，其他没有成对的人员担任临时人员；

B. 老师喊"松鼠"，大树不动，扮演"松鼠"的人就必须离开原来的大树，重新选择其他的大树，临时人员可以扮演松鼠并插到大树中，落单的人表演节目；

C. 老师喊"大树"松鼠不动，扮演"大树"的人就必须离开原

来的同伴重新组合成一对大树，并圈住松鼠，临时人员就应临时扮演大树，落单的人表演节目；

D. 老师喊"地震",扮演大树和松鼠的人全部都打散并重新组合，扮演大树的人也可以扮演松鼠，松鼠也可扮演大树，其他没有成对的人亦插入队伍当中，落单的人表演节目。

2.猜猜我是谁

（1）说明：使初步认识的队员再次彼此认识；

（2）道具：不透明的幕布一条；

（3）时间：15分钟

（4）规则：

A.参加的人分为两边；

B.依次说出每人的姓名或者希望别人如何称呼自己；

C.老师和一个助手拿幕布隔开两边成员，分组蹲下；

D.第一阶段两边成员各派一位代表至幕布前，隔着幕布面对面蹲下，老师喊"一二三"，然后放下幕布，两位成员中先说出对面成员姓名或绰号者为胜，胜者可将对面成员"俘虏"至本组；

E.第二阶段两边成员各派一位代表至幕布前背对背蹲下，老师喊"一二三"，然后放下幕布，两位成员靠组内成员提示（不可说出姓名、绰号），以先说出对面成员之姓名或绰号者为胜，胜者可将对面成员"俘虏"至本组；

F.活动进行至其中一组人数少于三人即可停止。

（4）注意事项：

A.选择的幕布必须不透明，以免预先看出伙伴而失去公平性与趣味性；

B. 成员蹲在幕布前，避免踩在幕布上导致操作时摔倒；

C. 老师应该制止站立或至侧边偷窥的情况发生；

D. 组员不可离老师太近，以免操作幕布时发生撞击；

E. 组员喊出名字时间距离短，应注意公平性；

F. 本活动不适用于不熟悉的团队。

（三）OH卡：照顾好自己的"内在小孩"

1. 引导语

OH卡是连接潜意识的心灵图卡，它可以帮助我们靠近自己，与"内在小孩"对话，同时重拾"内在小孩"那份好奇开放希望的敏锐之心，这样我们才能重遇真实的自己和滋养内在的真我。

2. 操作方法

（1）小组可以分为5人一组；

（2）通过冥想音乐让自己静下心来；

（3）回想从小到现在，你和家人（养育者）发生的一些成长经历，可以是快乐的事，也可以是伤心难过的经历，需要想3件事情；

（4）然后在OH卡中选择3张牌，分别来代表三件当时你的心情；

（5）在OH牌选择好了之后，还可以进行犹豫和更换卡牌，以确定卡牌中的内容和你当时的情景、感受相对应；

（6）观察卡牌中的人物，并尝试感受他给你的感受；

（7）尝试与卡牌里的人进行对话，比如"你是谁？你发生了什么？你现在感受如何？你当时想要什么？"

（8）内心思考完毕之后，可以在小组内进行故事的分享。

3. 注意：此环节需要尽力引导学生去进行探索和回忆，但也需关注部分学生因回忆早期事件产生情绪低落、哭泣。

（四）依恋关系四象限

1. 引导语

在早期童年生活经历中，我们与父母、养育者有着许许多多的故事，和他们也产生了很多的情愫，请大家结合上一个活动，从"回避亲密的程度"和"是否焦虑怕被抛弃"的强弱程度中，用"焦虑程度低 + 回避程度低""焦虑程度高 + 回避程度低""焦虑程度低 + 回避程度高""焦虑程度高 + 回避程度高"四种情况，来评价自己与父母（养育者）的关系程度，并站在相应的象限内。

2. 操作方式

（1）地上放置两条绳子横竖垂直交叉，并在其中呈现四个象限的情况，如下图所示：

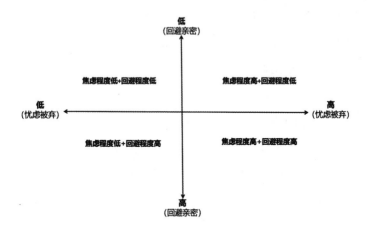

（2）引导团队成员思考与父母（养育者）的关系，并站在相应的象限里；

（3）团体工作：选择相同象限的学生可以互相讨论选择的原因，自己的感受是什么？

（4）个体分享：每个象限内选取 2 名学生进行成长经历、感受、启发分享；

（5）概念解释与澄清：老师向学生们介绍不同象限内代表不同的依恋类型，如下图所示：

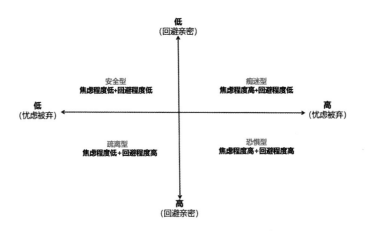

（6）依恋类型与亲密关系的关系

介绍不同依恋类型童年期心理情绪状况，并拓展到恋爱关系里，不同依恋类型对亲密关系建立的影响，具体内容可详见前面相关章节论述。

（7）启发思考

引导语：每个人依恋类型不一样，对亲密关系的影响也呈现出差异，但依恋类型并不是一成不变的，由于在成长过程中逐渐地长大、成熟，和外部接触后，我们也在慢慢地自我疗愈，已有的依恋模式也会进行调整和变化，我们可以不断地在亲密恋人的陪伴和帮助下，慢慢地改变，在亲密关系中寻找到爱和支持。

第二节 ───

爱情价值观澄清大拍卖——恋爱价值观塑造团辅方案

───

一、团辅背景

恋爱价值观是人们的价值观在恋爱问题上的具体体现，是回答人为什么要恋爱，选择怎样的恋爱对象，以及怎么选择追求自己的爱情生活等的观念系统。简而言之，恋爱价值观就是指导我们如何去处理恋爱这件事的指导观念，每个人因为生活背景、家庭教育、社会环境等诸多因素的影响，则呈现出了不同的价值观。大学生正处于恋爱价值观的塑造期，对大学生开展爱情价值观启发和引导，帮助大学生树立正确价值观、建立和谐的亲密关系则显得尤为重要。

二、团辅目标

1. 通过团体辅导，强化成员自我认识，促进自我觉察；

2. 通过爱情价值观拍卖活动，激发学生思考自己的爱情价值取向，澄清价值误区，引导学生树立客观合理的爱情价值观。

三、团队成员：校内大学生，大约 30 人。

四、活动时间：90 分钟

五、活动过程

（一）讲解团辅小组契约

指导教师向小组成员介绍本次团体辅导的主题、目标及团体规范，使学生明确本次团辅人员构成、职责、工作原则和小组契约，保障本次团辅顺利开展。

（二）暖身活动

1. 抢凳子

（1）活动目的：促进成员放松心情、活跃气氛。

（2）活动时间：10分钟

（3）活动过程：

A. 将板凳围成一个圈，团队成员站在圈外；

B. 指导教师说开始时，学生就围着凳子的同一方向转，可放音乐；

C. 当指导教师说停止，或音乐停止时，学生就要抢坐在板凳上。因为差一把凳子，所以会有一人没板凳，没抢到凳子者可以站到中心，向团体介绍自己（名字、学院等）；

D. 第二轮活动，没抢到凳子的这位同学作为主持人，她说停止的时候，大家随机坐到一把凳子上，由下一位未抢到凳子者介绍自己，开始下一轮。

2. 滚雪球

（1）活动目的：增进成员了解，建立人际熟悉感与初步的小组团队感。

（2）活动时间：20分钟

（3）活动过程：

A. 运用报数、马兰开花等方式，对成员进行分组（10人一组为佳）；

B. 各小组成员围坐一圈，由任一成员开始做自我介绍，并选出一名小组长向所有人介绍小组成员；

C. 自我介绍的内容包括三个信息，学院、姓名、爱好；

D. 小组成员重复前面所有人的自我介绍后，再进行自己的介绍。例如，"我是坐在××学院的爱好打篮球的张三旁边的，来自××学院的爱好看书的李四旁边的，来自××学院的爱好听音乐的王五"；

E. 小组长向所有人介绍成员。

4. 引导：学生分享，当小组团队都记住了对方姓名，完成了滚雪球时，你的心情是怎样的？当成员们都准确地记住了你的信息，你的感受是怎样的？

5. 注意：如选择介绍爱好，提前强调小组成员不能为了方便记忆全 部选择相同爱好。向学生表明活动的目的是相互真实地认识，而不是单纯地好记、快速。

（三）爱情价值观大拍卖

1. 活动导入：启发学生认识价值观

（1）情景：假如今天团辅小组有一名成员过生日，你需要送给他一件生日礼物，现在你手里只有 20 元，你会给他买什么礼物呢？

A. 直接把 20 元给对方，让他去买自己喜欢的；

B. 买几枝鲜花；

C. 买一份他爱吃的零食；

D. 买一个学习用具；

E. 买一个小装饰品；

F. 买一个视频 App 月会员。

（2）引导语：询问学生选择什么礼物，并说明原因，每个小组派出 2 名学生进行分享交流，引导学生了解人做出不同选择就是因为不同的价值观。

2. 爱情价值观拍卖活动

（1）在课件中列出 16 项拍卖清单（如下表），并询问学生是否有人要进行补充；

在异性交友过程中，你最期盼得到什么？	
1. 可以和他分享生活中的点点滴滴	2. 可以因为他而扩展生活领域
3. 可以和他相知很深	4. 可以和他建立一个家庭
5. 可以因为他的帮助，激励自己成长进步	6. 可以和他享有美好的性生活
7. 有对方随时陪在自己身边	8. 可以多一个工作伙伴
9. 和对方一起挣很多钱	10. 生活因为有他而发生变化
11. 可以和他一起生儿育女	12. 可以体验到爱一个人的感觉
13. 因为有他而增加了生活乐趣	14. 因为有他获得了安全感、归属感
15. 可以获得爱和支持的感觉	16. 可以由他照顾生活起居

（2）拍卖规则：

A. 每个人有 5000 筹码；

B. 每件拍卖品起价为 1000 筹码；

C. 每次出价 500 筹码，出价最高的同学拥有该拍卖品（同时出高价的可同时拥有）

D. 如有学生直接出 5000 筹码，可直接获得该拍卖品，如某件拍卖品无人竞拍，则依次拍卖下一件拍卖品。

（3）问题思考：拍卖结束后，引导学生独立思考以下问题：

A. 你竞拍下来的是什么，为什么会想得到它？

B. 你是否后悔得到你所得的东西，后悔的原因是什么？

C. 除了它，你本来还想买什么，为什么最后没有选择？

D. 做出选择时，你的心情是怎样的？

E. 没有竞拍到的同学，为什么你什么都没有买？

F. 你现在是否知道你自己最想要的是什么吗？

G. 假如你的价值观和你的男（女）朋友价值观相冲突时或者不同时，你该怎么办？

（4）团体工作：学生们在小组内就上述问题讨论，并将选择相同价值的学生合成一组，讨论各自选择的原因；

（5）个体分享：每个小组找一个小组长或者代表进行上述问题及本次团体辅导感受的分享。

（6）结束引导语：回应和总结今日团辅主题，帮助学生进行自我反思，引导学生思考在恋爱中自己最需要的是什么，掌握个人恋爱价值观与恋人的价值观产生不一致甚至冲突时的处理办法。

（7）注意事项：在爱情价值观竞拍环节，老师需保持客观，不干涉、暗示学生的选择，不对竞拍内容进行评价和干预，尊重学生自主选择，在分享环节尽可能多地引导学生思考和分享。

━━━━ 第三节
"不一样的他"——男女两性差异体验团辅方案

一、团辅背景

男人来自火星，女人来自金星，男女两性对爱情、婚姻的理解和思维存在较大差异，导致大学生在恋爱过程乃至婚姻中出现矛盾和冲突，给个人也带来困扰和痛苦。

二、团辅目标

1.通过团辅帮助学生认识到男女两性在思维方式、情感表达等方面存在的差异；

2.引导学生掌握正确处理男女差异的心理准备和应对技巧。

三、团队成员：校内大学生，大约30人。

四、活动时间：90分钟。

五、活动道具：OH卡。

六、活动过程

（一）讲解团辅小组契约

指导教师向小组成员介绍本次团体辅导的主题、目标及团体规范，使学生明确本次团辅人员构成、职责、工作原则和小组契约，保障本次团辅顺利开展。

注意：需要特别强调保密原则和保密例外，引导小组成员不将其他成员分享的故事和个人感受向外述说，保障大家在安全、可信赖的环境中，但假如遇到学生有特殊情况时，需要及时与其家长、老师及相关人员进行反馈。

活动契约：

A.尊重：尊重他人的观点、隐私和感受，不进行人身攻击或歧视；

B.保密：尊重个人隐私和机密信息，不泄露他人的个人信息和分享他人的故事。

C.参与：积极参与课堂讨论和活动，发表自己的观点和想法。

D.开放：接受不同的观点，以开放的心态学习和成长。

（二）暖场活动

1.兔子舞

（1）活动目的：促进成员放松心情、活跃气氛。

（2）活动时间：10分钟

（3）活动过程：

A.全体学生排成一条长龙，后面的学生用双手搭在前面学生的双肩上；

B.由老师介绍兔子舞的动作要领：左脚跳两下，右脚跳两下，双腿合并向前跳一下，向后跳一下，再连续向前跳三下。练习口令为：左左——右右——，前——后——，前前前！

C.然后学生跟随音乐进行舞动；

（4）注意事项：需要提醒参加者注意双手搭前面人员的双肩时要轻，集中注意力，不仅注意听音乐的节奏，还需要注意前面同伴的动作，以免出现踩踏事件；学生根据音乐跳，坚持不了或者动作做错的同学要自动站在圈内。

2. 雨点变奏曲

（1）活动目的：活跃团队气氛，促进成员之间相互认识；

（2）活动时间：10分钟

（3）活动过程：

A. 让学生根据老师口令做出不同的动作；

打响指、双手拍大腿、大力鼓掌、踩脚

B. 学生根据要求来做相应动作；

"小雨"——打响指

"中雨"——双手拍大腿

"大雨"——大力鼓掌

"暴雨"——踩脚

C. 引导学生反复练习以上动作；

D. 根据老师的指导语做相应动作

老师提示语：天上布满了乌云，一会儿下起小雨来了，雨越下越大，小雨变中雨，中雨变成了大雨，大雨变成了暴雨，渐渐地，暴雨变成大雨，大雨变成中雨，又渐渐变成小雨，雨停了，天晴了，太阳出来了。

（三）前进后退定距离

1. 活动目的：引导学生认识到在关于异性交往中保持什么样的距离是合适的，辨析男女两性对于和其他异性交往中存在的一些不同观点和误区。

2.操作方法

（1）活动规则

A.分别请六名男生，六名女生上台，男生女生两人搭档为一组，相向而行。

B.可以多次前进或后退调整位置，分别在自己觉得舒适的位置停下来。

C.教师分别测量每组相隔的距离。

（2）提问环节

A.假如你有恋人了，男女在日常异性交往中应该保持距离吗？

B.你认为保持多少的距离是合适的？

C.保持合适的距离对双方而言有什么好处？

D.你是否与恋人因和异性保持关系这一话题有过矛盾和争执，事情经过是什么样的，双方的观点是什么？

（3）小组讨论：学生以6人为一小组，分组讨论上述问题，了解各自不同的观点；

（4）个人分享：每个小组选出一名学生分享个人上述问题的观点和感受；

（5）"距离"讲解：老师可为学生介绍人际交往的四种距离

A.公众距离：3.7—7.6米，演讲者与听众之间，生硬交谈或其他非正式场合；

B.社交距离：1.2—2.1米，正式场合或一般性的社交谈话；

C.个人距离：46—76厘米，互相握手以及交谈的好友，关系亲近的熟人；

D.亲密距离：正负45厘米，亲密的朋友，爱人、家人之间。

（6）引导语：爱情具有排他性，两个人如果相爱一定会对彼此有占有欲，不希望自己另一半和其他异性互动频繁，所以在爱情中需要互相了解对方关于和其他异性保持距离这一话题的看法和认识，适当地和所谓的"蓝颜知己""红颜知己"保持距离，给恋人信任感和安全感。

（四）卡牌故事会

1. 通过绘画，引导学生认识到男女两性之间的差异；

2. 操作方法：

（1）活动规则：

A. 以 5 人为一组，每人随机抽取 6 张卡牌；

B. 每个人将随机抽取的卡牌，以"恋爱"为主题，对卡牌里的内容进行理解、联想，形成一个完整的故事。

（2）组内故事分享：每个人将自己串成的"爱情"故事，在小组内进行分享交流。

（3）个体分享：每个小组选出一个代表，分享在这个活动中男生和女生串成的故事区别。

（4）引导语：通过刚才的交流与分享，我们发现男女在阐述故事时，男生侧重于空间逻辑，思维比较跳跃，而女生则会侧重于情节合理，并讲究细节，男女的思维方式是不一样的。

（5）启发讨论与思考：男女生各成一组，讨论男女两性思维方式的不同，提出自己在恋爱中两性相处的困惑与当前出现的问题，小组成员互相帮助分析，提出解决两性差异困扰的方法。

（6）分享与总结

动员学生积极分享在本次团体活动中的思考与收获。

（7）结束引导语：

经过今天的团辅活动，我们发现恋爱中很多冲突都是因男女思维差异而产生的，但我们往往也因这些差异更加欣赏对方，存在差异并不是坏事，重要的是了解彼此的差异，学会换位思考，学会包容、接纳。

爱的问答书——恋爱沟通技巧团辅方案

一、团辅背景

情侣之间的相处，存在不同的差异，有些人越吵越爱，有些却因为争吵最终分手，而健康的恋爱关系应该是通过有效沟通，促进彼此之间更加了解，才能让关系更加融洽和谐。很多大学生由于缺乏恋爱技巧，在矛盾、争执中不知如何有效沟通和交流，因此本次以恋爱沟通技巧掌握为主题开展团辅。

二、团辅目标

帮助大学生了解如何在恋爱中有效沟通互动，提升解决分歧、提升感情的能力。

三、团队成员：校内大学生最好是情侣，大约 30 人。

四、活动时间：90 分钟。

五、活动道具：不透明布条，3 份印有成语的 A4 纸和 30 份"情绪卡"套。

六、活动过程

（一）讲解团辅小组契约

指导教师向小组成员介绍本次团体辅导的主题、目标及团体规范，使学生明确本次团辅人员构成、职责、工作原则和小组契约，保障本次团辅顺利开展。

注意：需要特别强调保密原则和保密例外，引导小组成员不将其他成员分享的故事和个人感受向外述说，保障大家在安全、可信赖的环境中，但假如遇到学生有特殊情况时，需要及时与其家长、老师及相关人员进行反馈。

活动契约：

A. 尊重：尊重他人的观点、隐私和感受，不进行人身攻击或歧视。

B. 保密：尊重个人隐私和机密信息，不泄露他人的个人信息和分享他人的故事。

C. 参与：积极参与课堂讨论和活动，发表自己的观点和想法。

D. 开放：接受不同的观点，以开放的心态学习和成长。

（二）暖身活动

1. 绘画高手大赛

（1）活动目的：促进成员之间相互认识，活跃小组气氛。

（2）活动时间：10分钟

（3）活动过程：

A. 将所有成员分成4组，每个小组派一名选手上台；

B. 选手用事先准备好的布条蒙上眼睛，在白板上画自己的脸谱，限时5分钟，本环节观众可以提示，也可以互相干扰；

C. 5分钟结束后，停止绘画，解除布条；

D. 老师请未参与绘画的同学评议"最佳脸谱"；

E. 评选结束后，老师宣布获胜者。

（4）注意事项：事先准备好干净的布条。

2.心灵相通

（1）活动目的：锻炼团队成员之间的默契，活跃团队气氛。

（2）活动时间：10分钟

（3）活动过程：

A.将团辅成员分为2组，10人一组；

B.每个小组发9张提前印制好的成语，1名成员手持成语，纸张背对着自己，对面站立1人，看到白纸上的成语后，用形体语言表达出来，由手持纸张的学生猜，猜出后其他成员依次上前进行比画；

C.每个小组安排一名学生助理，为三个小组进行计时，最终用时最短的小组获胜。

（4）备选四字成语举例：龙飞凤舞、猛虎下山、眉目传情、掩耳盗铃、张牙舞爪等。

（5）注意事项：该环节为了保持结果的公平性，在游戏开始前，需要讲解游戏规则，尽量避免组内互相提醒。

（三）情绪猜猜猜

1.活动目的：帮助大家认识到，了解另一个人的情绪感受是比较困难的，需要多关注了解对方，懂得对方的喜怒哀乐。

2.活动流程

（1）所有团辅成员坐成一个大圈；

（2）事先准备30个"情绪卡"套，让每个学生都戴在头上；

（3）两人一组，互相通过表情、肢体动作让对方猜出自己头上的"情绪卡"词。

3.组内交流：两个人猜完之后，交流为什么自己会用这些动作和表情来表达这个情绪，如果一方猜错了，则交流自己猜错的原因。

4.成员感受分享：在成员中选择4名同学分享自己在这个活动中的感悟和体会；

5.启发思考：生活中我们经常会吐槽"为什么他不懂我""为什么他 总是get不到我为什么会难过和生气"，其实经过这个活动我们发现，其实通过表情、肢体动作有时候很难去明白对方的情绪，需要我们坦诚、开诚布公地跟对方去交流沟通，让对方知道自己在想什么，以免想让对方猜又猜错，最后两人矛盾和误会更多。

6.注意事项：本环节的活动，尽量将情侣打乱，尽量从和情侣到和其他人，让参与者从局内人的角度，让猜题人从表现人的角度，去体验如何了解对方的情况，促使多个角度去思考情侣间交流沟通的重要性。

（四）沟通小剧场

1.活动目的：让学生在活动中体会到五种沟通模式的不同及感受。

2.活动过程；

（1）老师列举五种不同沟通模式：指责型、讨好型、理智型、和谐一致型、打岔型；

（2）分别挑选5对同学，每组一男一女，分别挑选并扮演以上五种沟通类型；

（3）其他学生进行观摩和感受，5对同学演绎完毕之后，挑选2个扮演者和1名观摩者，分别讲述自己在扮演过程中和观摩过程中的感受；

3.概念介绍：结合学生演绎和分享，教师将分别介绍5种沟通模式

（1）指责型是只考虑自己的感受；

（2）讨好型是忽略了自己的感受；

（3）理智型是讲道理，缺人情；

（4）和谐一致型是比较舒服的模式；

（5）打岔型是回避、消极沟通。

4.讲授不同沟通模式应对方式：教师帮助学生分析，不同沟通模式该如何应对

A.指责型的人一般是在一些方面有需要和渴望，与之沟通需要找到对方在意的方面，并给予其反馈，对症下药。

B.与讨好型的人沟通，往往需要考虑对方的感受，他们往往忽略自己的情绪，但不代表他们不会被情绪影响，为对方着想才可以更好地沟通。

C.与理智型沟通，需要先认可对方的一些观点，再理智斗争其中不认可的地方。

D.和谐一致型是比较理想稳定的沟通模式。

E.打岔型沟通是比较特殊的，但打岔型与打岔型之间的沟通是很和谐的，跟爱打岔的人交流时，可以通过合适场合，帮助对方认识到自己容易中断他人话题，引起对方重视和减少打岔。

（五）爱的问答书

1.活动目的：通过团辅让学生懂得如何向恋人表达自己的爱意。

2.活动流程：

（1）30人围成一个圈，每个人分发一张A4纸和签字笔；

解锁恋爱密码：大学生完美恋爱攻略

（2）在纸张上写上：

A. 第一次遇到你时，我的感受是什么？

B. 你身上让我最心动的是哪一点？

C. 你最让我感动和开心的一件事是什么？

D. 今天，我想对你说 _____

（3）所有人写完以上内容后，每个人将纸张折叠，并送给自己的恋人。

3. 思考与总结

（1）老师挑选 2 位学生分别分享本次恋爱沟通技巧主题团辅的收获和感受；

（2）教师总结本次团辅内容，引导学生认识恋爱关系中沟通和表达爱意的重要性，建立和谐美好的两性关系。

想见你——异地恋相处技巧团辅方案

一、团辅背景

有人说，异地恋最无奈的地方是，只要你关掉手机、拔掉网线，我可能就找不到你了，甚至觉得这辈子就这样失去你了；也有人说，正因为分隔两地，所以尤其珍惜与你有关的一切。这也是异地恋最甜美的地方，在一无所有的年纪，有人可想，有人可念。其实，我不喜欢异地恋，我只喜欢你。对处于异地恋中的大学生来说，由于升学和个人追求的现实需要，自己与恋人不得不分隔两地，常常也因为异地恋带来的困扰备感疲惫与无助，基于此特开展"异地恋"主题团体辅导。

二、团辅目标

1. 帮助大学生掌握异地恋情侣之间的相处技巧与方法，促进亲密关系的维系；

2. 帮助学生更好地规划异地恋，实现双向奔赴。

三、团辅成员：校内正在经历异地恋的大学生20人。

四、活动时间：90分钟。

五、活动物资：A4 纸和签字笔若干，OH 卡。

六、活动过程

（一）讲解团辅小组契约

指导教师向小组成员介绍本次团体辅导的主题、目标及团体规范，使学生明确本次团辅人员构成、职责、工作原则和小组契约，保障本次团辅顺利开展。

注意：需要特别强调保密原则和保密例外，引导小组成员不将其他成员分享的故事和个人感受向外述说，保障大家在安全、可信赖的环境中，但假如遇到学生有特殊情况时，需要及时与其家长、老师及相关人员进行反馈。

活动契约：

A. 尊重：尊重他人的观点、隐私和感受，不进行人身攻击或歧视。

B. 保密：尊重个人隐私和机密信息，不泄露他人的个人信息和分享他人的故事。

C. 参与：积极参与课堂讨论和活动，发表自己的观点和想法。

D. 开放：接受不同的观点，以开放的心态学习和成长。

（二）暖场活动

1. 小鸡的成长

（1）活动目的：活跃团队气氛，促进成员互动，体验成长。

（2）具体流程：

A. 全体成员都是"鸡蛋"，要分别寻找对手，以"石头——剪刀——布"定胜负，胜者进一级，成为小鸡，负者仍为鸡蛋，如果再胜一级则成为凤凰，负者则退一步成为小鸡，以此完成游戏；

B. 最终成为凤凰者胜出，仍为鸡蛋者则表演节目；

C. 由部分成员分享活动感受。

（3）注意：活动中要模仿角色的动作："鸡蛋"要蹲下，双手下垂贴住身体；"小鸡"要半蹲，手背在身后行走；"凤凰"则双手展开，直立行走。

（4）分享感受："未完成成长者"感受、"最先完成成长者"感受以及"成长曲折者"感受。

2. 好邻居

（1）活动目的：促进成员之间相互认识和交流

（2）具体流程：

A. 所有人围成一个圆圈，一个人站在圆心。

B. 老师宣读规则：由站在圆心的人随机问圆圈里的人（比如说a），你喜欢我吗？如果a回答喜欢，则a周围相邻的两个人就要互换位置，在互换位置的时候，站在圆心的人就迅速地插到a周围相邻的两个位置之间，这样a周围相邻的两个人有一个就没有位置，那么则由他表演一个节目或者做自我介绍，然后由他站在圆心，游戏开始下一轮。

C. 如果a回答不喜欢，则站在圆心的人会继续问a：那你喜欢什么？如果a回答我喜欢戴眼镜的人，则场上所有戴眼镜的人都必须离开自己的位置寻找位置，而站在圆心的人需要迅速找到一个位置，这样没有找到位置的人就要表演一个节目或者做自我介绍，然后由他站在圆心，游戏开始下一轮。

（3）注意：为增加游戏趣味性，如果a回答不喜欢之后，还可以回答穿"白色袜子""扎着马尾"等不被人立马发现的细节。

（三）重新认识我们

1.活动目的：帮助学生探索、改进和异地恋人的关系。

2.使用卡牌：图像卡

3.操作方法：

（1）将所有成员分为5人一组，共4组。

（2）洗牌，图面朝上，铺开放在桌面上。

（3）学生选择6张牌，分别代表"你眼中的自己""你眼中的他""他眼中我们的关系""他眼中的我""我期待双方的关系""他期待的关系"。

（4）选择完毕之后，成员可以在小组内分享自己对这6张牌的解释和看法。

（5）个体分享：每个小组可选择一个成员分享自己在解释完6张牌之后，自己的启发和感受是什么？

（四）我也不想吵架

1.活动目的：帮助学生还原和异地恋人发生争执的场景，掌握异地恋人间"非暴力沟通"的技巧。

2.操作方法：

（1）每个小组选择一名正在或者曾经和异地恋人发生争执矛盾的同学；

（2）该学生讲述与恋人发生争执的矛盾点、当时的情绪、自己如何表达情绪、如何处理矛盾；

（3）小组内其余4名同学则分别选择上述其中一个内容，通过情景演绎、分析等方式，帮助其分析在争执过程中存在的不恰当行为或者反应；

（4）分析完毕之后，成员间相互交流，自己是否也出现过类似争执情景或沟通方式，事后处理办法是什么、有什么样的感受；

（5）个体分享：由每组讲述人分享自己在这个环节中的感受和收获；

（6）启发思考：老师引导学生认识到异地恋容易产生矛盾的原因在于感到对方态度敷衍、对方不理解、缺乏安全感、不主动联系等，引导学生掌握良性互动沟通的技巧。

（五）我在未来等你

1.活动目的：启发学生清晰规划异地恋，早日结束异地恋，实现双向奔赴。

2.操作办法：

（1）让每位正在经历异地恋的同学，在 A4 纸上写上："为了能够尽快结束异地，我正在做哪些努力和准备？""我期待未来和他是什么样的？""为了达到预期目标，我的规划是什么？"

（2）小组成员在写完上述内容后，小组内可以进行分享交流，相互之间给予对方鼓励和支持。

3.注意：可以建议学生将该环节所写的内容和感受，在团辅结束后将自己所写的未来规范交给恋人，促进相互之间的了解，清晰对方规划。

（六）思考与总结

1.老师邀请每个小组派一名代表，分享感受和成长；

2.教师可总结本次团辅内容，重申此次团辅目标，引导学生们珍惜异地恋，携手走完异地旅程终成眷属。

第六节 ————

失恋阵线联盟——失恋心理调适团体辅导

一、团辅背景

失恋，是一种不舍的情感，是我们内心深处的一种痛楚。在恋爱结束后，我们不免会陷入思念和痛苦之中，感受到那份无法言说的孤独和失落。我们会想念对方的声音，想念对方的笑容，想念与对方在一起的时光。然而，现实却是残酷的，无论我们如何追寻，那些美好的时光已经成为过去，无法再次回到我们的身边。为了重新面对生活，需要进行情绪疏导和生活目标的调整，才能走出失恋，迎接新的人生。

二、团辅目标

1. 帮助学生更好地认识理解失恋所带来的情绪、情感变化，以及如何应对这些变化。

2. 帮助学生找回自己，接纳自己，重拾对生活和爱情的信心，直面以后的人生。

三、团辅成员：在校学生，沉浸在上一段恋爱中无法走出，但是有意愿和动力改变自己，人数 20 人。

四、活动时间：90分钟。

五、活动物资：A4纸和签字笔若干、不透明布条、沙盘。

六、活动过程：

（一）讲解团辅小组契约

指导教师向小组成员介绍本次团体辅导的主题、目标及团体规范，使学生明确本次团辅人员构成、职责、工作原则和小组契约，保障本次团辅顺利开展。

注意：需要特别强调保密原则和保密例外，引导小组成员不将其他成员分享的故事和个人感受向外述说，保障大家在安全、可信赖的环境中，但假如遇到学生有特殊情况时，需要及时与其家长、老师及相关人员进行反馈。

活动契约：

A. 尊重：尊重他人的观点、隐私和感受，不进行人身攻击或歧视。

B. 保密：尊重个人隐私和机密信息，不泄露他人的个人信息和分享他人的故事。

C. 参与：积极参与课堂讨论和活动，发表自己的观点和想法。

D. 开放：接受不同的观点，以开放的心态学习和成长。

（二）暖场活动

1. 棒打薄情郎

（1）活动目的：促进成员间相互认识，缓和小组气氛。

（2）规则：

A. 所有成员围成一个圆圈；

B. 依照顺时针转写，同学们分别说出自己的姓名或希望别人如何称呼自己；

C. 团体交流，各自说出为什么喜欢这个称呼；

D. 训练员手拿一个海绵棒击向每个成员的头，该成员在头被击中之前，应说出另一个学员的姓名，否则就与训练员换位置（当"鬼"），每次换人当"鬼"前说出的名字不可重复，以此类推，直到大家相互熟悉各自的名字为止，如果一个人 3 次被打，作为惩罚则需要表演节目。

（3）注意事项：

A. 选择海绵棒需要柔软有弹性，以免击伤队员；

B. 本活动适用于相互熟悉的团队。

（4）变换玩法

A. 可以改成坐姿，将腿伸出，击打腿部；

B. 可让当"鬼"者手指其中一名，令其说出成员的姓名或者绰号；

C. 可以让当"鬼"者蒙眼睛，走到一位成员面前问路，听其回答的声音，说出其姓名或绰号。

2. 盲人穿鞋子

（1）道具：拖鞋

（2）游戏规则：

A. 小组成员分为 5 人一组，共 4 组；

B. 各队轮流派出 1 人，把拖鞋放在起点前方 5 步的地方；

C. 回到起点蒙眼旋转三次以后出发；

D. 能够准确前进 5 步，第 6 步穿到拖鞋较多的一组获胜。

（3）注意事项：

A. 活动场地要确保无杂物，确保蒙眼学生的安全；

B. 在蒙眼走路的过程中，可能会跌倒损伤，所以需要每组派出一位安全员；

C.进行中各小组之间可以互相用错误的指示来扰乱蒙眼学生的方向和判断。

（三）放松体验

1.目标：引导学生进行压力释放，调节内心情绪。

2.具体操作：

（1）每5人为一组，分别坐在4个沙盘周围；

（2）老师引导学生将手放置在沙子上进行触摸，关灯并播放轻缓音乐，跟随老师的引导语，让学生学会放松，缓解因失恋带来的焦虑抑郁情绪；

（3）引导语：请大家安静下来，静心1分钟。把你的坐姿调整到最舒适的位置，调整你的呼吸，慢慢闭上眼睛，然后把你的双手放到沙盘的沙中，然后用摸、抓、握等任何自己喜欢的方式来接触沙，把注意力放在手和沙接触的感觉上，让自己静下来，默默地感受就好。体会一下你自己的情绪以及伴随情绪的身体的感觉，哪个部位、什么性质、什么程度的感觉，以及伴随这种情绪和身体感觉时大脑当中出现的画面、意象、想法以及回忆等。请把注意力放在手和沙的接触上以及情绪和身体的感觉上。让大脑当中的这些画面、意象、想法、回忆等在脑海里生动起来，把这些画面、意象、回忆等定格（留白5～7分钟，体验时间控制在10分钟左右）。

好了，现在，当我数到1时，请大家慢慢睁开眼睛。10，9，8，7，6，5，4，3，2，1。

（四）失恋故事会

1.目标：通过团队成员之间的合作沙盘，来分享失恋故事，获得一些支持和成长。

2.操作流程：

（1）学生以"失恋"为主题，让学生依次选择自己喜欢的沙盘模具，摆在沙盘任意一个位置，依次三轮；

（2）不能随意挪动沙盘，对于别人的摆放或者所选的模具如果需要挪动，则需要减去一次选模具的机会；

（3）学生在三轮摆放完模具之后，小组选择一个组长，将大家摆放的模具用一个关于"失恋"的故事串起来，各个小组进行分享和交流失恋故事。

3.注意：

（1）小组内保持安静、不开展交流；

（2）成员之间互相不干扰、影响对方取、放模具。

（五）明天会更好

1.活动目的：引导学生探索过去、现在和未来的自己，清楚认识自我，重拾生活信心。

2.具体流程：

（1）4组成员，此次选取3个模具，代表"过去的我""现在的我"和"未来的我"，并摆放在沙盘里；

（2）在小组内分享为什么自己会选择这三个模具，讲述自己的失恋故事和对未来的期待；

（3）小组成员之间相互进行鼓励和肯定，帮助其正确看待失恋，直面未来。

（六）总结与思考

1.老师邀请每个小组派一名代表，分享自己在本次团体辅导中的感受，启发分析自己目前对于"失恋"这一事件的认识和看法；

2.老师对本次团体辅导进行总结，鼓励学生们正确处理失恋带来的负面影响，做好情绪管理，重新找回生活信心，以良好的心态和风貌直面未来。